LA MENTE DE UN LÍDER

DECISIONES QUE IMPACTAN Y TRANSFORMAN

JAMES LASS

© **James Lass**

**James Lass
Guadalajara, Jalisco, México
www.vivehoy.com.mx**

Dedicatoria

A ti, mi bella esposa, el faro que ilumina mi camino en cada paso que doy. Gracias por tu amor incondicional, tu apoyo constante y por creer en mis sueños incluso antes de que yo lo hiciera.

A Dios y al universo, por guiarme, abrirme caminos y recordarme cada día que todo es posible cuando se actúa desde el corazón y la fe.

A la familia de mi esposa, por su cálido abrazo y su respaldo en momentos clave. Su cariño y confianza han sido un refugio y una fortaleza.

A mis colegas coaches, compañeros en esta noble misión de transformar vidas. Juntos construimos un mundo con más conciencia, empatía y propósito. Gracias por inspirarme a seguir creciendo y aprendiendo.

Y a todas las personas que han estado ahí, de manera grande o pequeña, visibles o en silencio, sepan que su apoyo ha sido un pilar fundamental en este camino. Este logro también es suyo.

Con gratitud infinita,

James Lass

PRÓLOGO

El liderazgo es la capacidad de motivar, liderar y cambiar y ha sido estudiado desde varios aspectos: pensamiento, método, personalidad. Pero, ¿qué sucede en nuestros corazones cuando tomamos decisiones que cambian vidas, empresas y comunidades? ¿Qué nos convierte en los mejores líderes? En El cerebro del líder: decisiones que afectan el cambio y el cambio, profundizamos en el apasionante área donde la neurociencia y el liderazgo se cruzan y arrojan luz sobre los orígenes científicos de nuestra capacidad para influir y tomar buenas decisiones.

Este libro no es un conjunto de estrategias preconcebidas ni una fórmula mágica para el éxito. Es un mapa detallado de cómo funciona el órgano que toma nuestras decisiones, cómo afecta nuestras emociones y cómo podemos utilizar sus grandes poderes para convertirnos en líderes conscientes, sabios y compasivos. Aquí aprenderá por qué ciertas decisiones son tan importantes para su equipo, cómo establecer conexiones neuronales para fortalecer sus habilidades de resolución de problemas y cómo entrenar su mente para ser clara y articulada en un mundo cada vez más exigente.

En mi experiencia como escritor y experto en desarrollo de liderazgo, he descubierto que los grandes líderes no nacen, sino que se forman pensando, haciendo y sabiendo. Este libro lo invita a desafiar las creencias limitantes sobre el liderazgo y sumergirse en las herramientas que la ciencia moderna nos brinda para expandir nuestras habilidades.

Prepárese para un viaje más allá de la superficie hasta el corazón de lo que significa ser un líder. Mastermind te mostrará que al comprender y entrenar tus pensamientos, tienes el poder de tomar decisiones que no solo afectan, sino que cambian a quienes te rodean.

En estas páginas encontrará una colección de nuevas ideas,

ejemplos prácticos y ejercicios diseñados para su uso en la vida cotidiana. Es más que un simple libro, es una invitación a explorar el potencial infinito que hay dentro de ti y convertirte en el líder que quieres ser.

Este es tu momento. ¿Estás listo para liderar con el poder de tu cerebro?

James Lass
Coach de NeuroLiderazgo, Desarrollo Organizacional, Coach Ejecutivo y de Negocios

James Lass

Prólogo   5

Introducción   11

    Liderazgo en la Era de la Neurociencia   11

    ¿Qué es el neuroliderazgo?   18

    La conexión entre el cerebro, la toma de decisiones y el liderazgo   21

    Por qué comprender el cerebro es la clave para el liderazgo en el siglo XXI   24

Decisiones que Marcan la Diferencia   27

    El poder de las decisiones en el liderazgo.   29

    ¿Qué hace que una decisión sea transformadora?   35

    El impacto de las decisiones en equipos y organizaciones.   42

Cómo Funciona el Cerebro del Líder   49

    Anatomía del cerebro y sus implicaciones para el liderazgo.   52

    La corteza prefrontal: el centro de las decisiones conscientes.   57

    Emoción, razón y la lucha entre el sistema límbico y el córtex.   62

Las Emociones y su Papel en la Toma de Decisiones   66

    El papel de la inteligencia emocional en el liderazgo   70

    Cómo las emociones influyen en nuestras elecciones   74

    Técnicas para regular emociones bajo presión   77

Neuroplasticidad: Cómo Transformar tu Mente para Liderar Mejor   87

    ¿Qué es la neuroplasticidad y por qué importa?   92

- Entrenamiento Cerebral para Desarrollar Nuevas Habilidades — 97
- La mentalidad de crecimiento aplicada al liderazgo. — 102

Toma de Decisiones en Escenarios de Incertidumbre — 108
- Cómo el cerebro procesa el riesgo y la ambigüedad — 113
- Estrategias Neurológicas para Decidir en Situaciones Críticas — 118
- La Importancia de la Confianza en la Intuición Informada — 123

Influencia y Conexión: Liderar con Empatía — 128
- Cómo el Cerebro Interpreta y Responde a la Conexión Social — 133
- La Neurociencia de la Empatía y Su Impacto en Equipos — 138
- Creación de Entornos Psicológicamente Seguros — 143

Gestión del Estrés y la Resiliencia del Líder — 149
- Cómo el Estrés Afecta al Cerebro y la Toma de Decisiones — 154
- Estrategias para Mantener la Calma en Momentos Clave — 159
- Cultivar la Resiliencia Como Líder — 164

El Impacto de la Cultura Corporativa en el Cerebro — 169
- Cómo el Entorno Afecta Nuestras Conexiones Neuronales — 175
- Diseñando Culturas Organizacionales que Favorezcan el Crecimiento — 180
- La Neurociencia del Reconocimiento y la Motivación — 185

Innovación y Creatividad en el Liderazgo — 189
- La Relación Entre Neurociencia y Creatividad — 194

Técnicas para Fomentar Ideas Innovadoras en Equipos 198

Cómo Salir de Patrones de Pensamiento Limitantes 203

Herramientas Prácticas para el Líder Neuroconsciente 208

Ejercicios para Mejorar la Toma de Decisiones 213

Técnicas para Entrenar la Empatía y la Regulación Emocional 219

Guía para Incorporar el Neuroliderazgo en la Vida Cotidiana 224

El Futuro del Liderazgo Transformacional 229

Cómo el Neuroliderazgo Redefine el Éxito 234

Los Próximos Pasos para Liderar con Propósito y Conciencia 238

Inspiración Final 243

FINAL 247

Acerca del autor **254**

Pagina 10

INTRODUCCIÓN
LIDERAZGO EN LA ERA DE LA NEUROCIENCIA

¿Qué tienen en común el cerebro y el liderazgo? A primera vista, puede parecer que no mucho, pero lo cierto es que ambos están íntimamente relacionados. El cerebro es el órgano que nos permite pensar, sentir, comunicarnos y actuar, y el liderazgo es la capacidad de influir, motivar y guiar a otros hacia un objetivo común. Por eso, conocer cómo funciona el cerebro y cómo afecta a nuestro comportamiento y al de los demás es fundamental para mejorar nuestro liderazgo y el de nuestras organizaciones.

El liderazgo es una de las habilidades más valoradas y demandadas en el mundo laboral. Sin embargo, no siempre se ejerce de forma adecuada ni se adapta a las necesidades y expectativas de los empleados. Por eso, cada vez más se recurre a la neurociencia, la ciencia que estudia el cerebro y su relación con la conducta y la cognición, para comprender mejor cómo funciona el cerebro de los líderes y de los trabajadores, y así optimizar sus procesos de toma de decisiones, comunicación, colaboración, aprendizaje y cambio.

El neuroliderazgo es una disciplina que surge de la unión entre la neurociencia y el liderazgo, y que busca aplicar los hallazgos científicos sobre el cerebro a las prácticas organizacionales. Según David Rock y Jeffrey Swartz, dos de los principales referentes en este campo, el neuroliderazgo se basa en los siguientes principios

#1 **Cada cerebro es único**
No se puede tratar a todos los empleados de la misma forma, sino que se debe tener en cuenta sus diferencias individuales, sus preferencias, sus fortalezas y sus áreas de mejora.

#2 **Los sistemas de recompensa son clave**
El cerebro responde mejor a los estímulos positivos que a los negativos, por lo que se debe reforzar el reconocimiento, el feedback, la autonomía y el sentido de propósito de los trabajadores.

#3 No hay actos sin emociones
El cerebro procesa la información de forma emocional antes que racional, por lo que se debe cuidar el clima emocional de la organización, fomentar la inteligencia emocional y la empatía, y evitar el estrés y el miedo.

#4 La mente está programada para cooperar
El cerebro es social y necesita interactuar con otros para resolver problemas complejos, por lo que se debe promover el trabajo en equipo, la confianza, la diversidad y la inclusión.

#5 La información influye en las expectativas y la conducta
El cerebro se adapta a la realidad que percibe, por lo que se debe proporcionar información clara, precisa y

Pagina 12

relevante a los empleados, y evitar la ambigüedad, la incertidumbre y la desinformación.

#6 El estado emocional condiciona las acciones
El cerebro tiene una capacidad limitada de atención y memoria, por lo que se debe facilitar el aprendizaje, la creatividad y la innovación, y evitar la sobrecarga, la distracción y la rutina.

El neuroliderazgo tiene múltiples beneficios para las organizaciones, ya que contribuye a mejorar la cohesión, la motivación, la satisfacción, la adaptación y el aprendizaje de los equipos de trabajo, lo que se traduce en una mayor productividad, calidad, competitividad y rentabilidad. Además, el neuroliderazgo ayuda a los líderes a desarrollar sus propias capacidades, como la inteligencia emocional, la facilidad para el aprendizaje, el interés por los trabajadores, la flexibilidad para adoptar diferentes estilos de liderazgo, la actitud dialogante y las habilidades negociadoras.
El neuroliderazgo es una disciplina en constante evolución, que se nutre de los avances de la neurociencia, aplicándola al liderazgo, y de las demandas del entorno laboral. Por eso, los líderes deben estar al día de las últimas investigaciones y tendencias, y aplicarlas de forma práctica y personalizada a sus contextos y objetivos. Solo así podrán aprovechar todo el potencial de su cerebro y el de sus colaboradores, y convertirse en neurolíderes.

Cuando los líderes marcan la diferencia

Los líderes, se identifican por su capacidad para influir y dirigir a otros hacia metas comunes, son individuos que impulsan y modifican de manera perceptible el comportamiento del grupo hacia el logro de sus objetivos, mientras promueven la colaboración y el compromiso voluntario. Ahora, como no puede ser de otro modo, no tienen que dejar de lado el campo emocional. Daniel Goleman, es psicólogo y autor de una de sus obras mas reconocidas, *Liderazgo: el poder de la inteligencia emocional* (*Leadership. The Power of Emotional Intelligence*, en inglés). En él menciona 6 estilos de líder, el autoritario, *coach*, conciliador, democrático, ejemplarizante y coercitivo (Goleman, 2014).

Surge un nuevo concepto: Neuroliderazgo

En consonancia con varios estudiosos, el *neuroliderazgo* se define como una herramienta que busca entender los procesos de funcionamiento del cerebro de forma más amplia. De esta manera, se busca optimizar el rendimiento en las organizaciones e influir positivamente en el clima organizacional. Para esto, se centra en cómo los individuos toman decisiones y resuelven problemas en un ambiente social y laboral, así como en la regulación de las emociones y opciones de cambio.

¿Una reciente promesa?

No hay que olvidar que el *neuroliderazgo* representa una nueva dimensión conceptual. Ya que toma en cuenta el desarrollo de las capacidades de atención, concentración y autorregulación emocional indispensables en el líder moderno. En tal sentido, intenta definir la base neuronal del liderazgo y de la gestión.

Asimismo, las neurociencias estudian los procedimientos del cerebro que explican la conducta reflejada en el desempeño del individuo, la motivación, toma de decisiones, inteligencia emocional, la forma de relacionarse con otros y el aprendizaje individual, entre otros aspectos, vinculados al mundo organizacional y al ejercicio del liderazgo (Garzón et al., 2021).

Neurociencias y liderazgo
Dentro de la neurociencia cognitiva, específicamente basada en el liderazgo, se han destacado aspectos sociales. Entre ellos se incluye la toma de decisiones, regulación emocional, influencia y facilidad de generar cambios.

Aspectos del liderazgo
Con respecto a la toma de decisiones, a través de la neurociencia cognitiva se estudian tres factores: el estrés, el enfoque y la claridad.

Por ejemplo, existen investigaciones de imágenes cerebrales que muestran que altos niveles de estrés provocan la liberación de hormonas que actúan como mecanismo de defensa ante este. Un cambio que lleva a que el cerebro activo pase a un estado *reflexivo*.

Ahora, si bien este cambio es útil en situaciones críticas, puede resultar desfavorable en entornos de liderazgo que conllevan altos niveles de estrés, ya que reduce las capacidades cognitivas, pudiendo en casos extremos configurar el síndrome de *burnout*. En concordancia con lo anterior, estudios recientes destacan cómo el control del estrés por parte de un individuo puede tener un

Pagina 15

impacto significativo en la mejora de su rendimiento (Caballero y Gutiérrez, 2016).

Otros aspectos sociales

Como se mencionó anteriormente, al abordar los aspectos sociales relacionados con la toma de decisiones, es fundamental considerar el estrés, el enfoque y la claridad. Sin embargo, es importante recordar que existen otros aspectos sociales que también deben ser tenidos en cuenta en la investigación del neuroliderazgo.

Empatía, influencia y cambio

En el caso de la regulación emocional en los líderes, se han llevado a cabo diversos estudios como consecuencia de la relevancia que la regulación mantiene a la hora de pensar. Para Goleman (2014), tener conciencia de las propias emociones y tener empatía con las demás personas, afecta en la gestión de relaciones. En consecuencia, se evidencian actividad en los sistemas afectivos del cerebro y en los sistemas de control. Por lo que, algunas estrategias de regulación emocional, pueden generar mejores resultados que otras.

Por otra parte, la influencia juega un papel fundamental en el liderazgo. Este concepto se relaciona al principio de reforzamiento social. Algunos autores, destacan que los mecanismos de reforzamiento monetario, poseen igual peso que la estimulación obtenida por el reforzamiento social, y puede ser altamente placentera generando efectos positivos en el rendimiento de los colaboradores.

Por último, la facilidad de generar cambio, que muchas veces se ve influenciada por el sentimiento de amenaza. Sin embargo, a lo largo de la historia, los seres humanos han creado mecanismos para contrarrestar las amenazas.

A nivel cerebral, se envían señales de alerta hacia la corteza prefrontal, y a través de pensamientos y formas de comportamiento se da la resolución de situaciones adversas (Caballero y Gutiérrez, 2016).

¿Cuáles son los beneficios de esto?
Primero, se destaca un aumento en la eficiencia a la hora de tomar decisiones, con lo que se reduce el riesgo de seleccionar personal no adecuado para el cargo. Por otro lado, se estimula el desarrollo de las habilidades de liderazgo y aumenta la creatividad.
Sumado a lo anterior, dentro del *neuroliderazgo*, se encuentran otros beneficios, ya que fomenta la motivación intrínseca en los colaboradores. Así, la teoría de la autodeterminación destaca que al satisfacer necesidades de autonomía, competencia y relaciones, se estimula la motivación intrínseca. Además, el liderazgo emocional, al promover una relación armoniosa, la comunicación abierta y el apoyo, satisface estas necesidades, estimulando también el compromiso laboral (Wan, et al., 2022).

Actualmente, la atención se centra cada vez más en el bienestar de las personas dentro de las organizaciones. Así, los líderes efectivos no solo influyen en el rendimiento de los colaboradores, sino que también crean entornos de trabajo mas saludables y productivos.
Pero... ¿Es suficiente contar con habilidades cognitivas y emocionales desarrolladas, o hay otros aspectos a considerar? La relación entre liderazgo y neurociencias nos invita a explorar más allá de la superficie y a cuestionarnos cómo podemos aprovechar plenamente el potencial del cerebro humano en el liderazgo.

¿QUÉ ES EL NEUROLIDERAZGO?

Descubra los secretos del buen liderazgo y el cambio real

¿Alguna vez te has preguntado qué separa a los grandes líderes de los grandes? No es un tema, no es una influencia, no es un acontecimiento. Es algo profundo que cada uno de nosotros lleva consigo: el cerebro humano y su extraordinaria capacidad de liderazgo y cambio.

Bienvenido al mundo del neuroliderazgo, un enfoque revolucionario que combina neurociencia y habilidades de liderazgo. Hoy te invito a examinar todo lo que sabes sobre liderazgo. Desafiaremos las reglas convencionales y descubriremos cómo puedes desarrollar tu potencial como líder, no por instinto, sino entendiendo cómo funcionan tu cerebro y el de los demás.

¿Por qué el neuroliderazgo es el futuro del liderazgo?
Durante años nos enseñaron que el liderazgo es una cuestión de habilidad: cómo motivar a un equipo, cómo delegar, cómo afrontar los problemas. Pero aquí hay una verdad audaz: la clave del liderazgo no está en la tecnología, sino en una comprensión profunda de cómo funciona la mente humana.

El neuroliderazgo nos enseña que la toma de decisiones, las emociones y las relaciones no son misteriosas. Es un proceso cerebral que puedes aprender a dominar y convertirte en un líder transformacional. Este conocimiento no sólo te empodera, sino que también te convierte en una persona que inspira, lidera y cambia vidas.

Pagina 18

Mitos robados del liderazgo
¿Crees que el liderazgo es genético?
¿Solo algunas personas tienen "necesidades"?
Déjame decirte algo: esas creencias son cadenas que limitan tu verdadero potencial.

La neurociencia nos dice que el cerebro humano es plástico, lo que significa que puede cambiar, crecer y cambiar. En otras palabras, no importa de dónde vienes ni cómo empezaste: puedes convertirte en el líder con el que sueñas.

Los increíbles beneficios del neuroliderazgo
Toma decisiones rápidas e inteligentes
¿A veces te sientes paralizado cuando te enfrentas a decisiones importantes? El neuroliderazgo le brinda las herramientas para aprender cómo funciona su cerebro para tomar decisiones más inteligentes, más rápidas y más efectivas, incluso cuando está bajo estrés.

Empodere y conéctese con su equipo al siguiente nivel
Aprenda cómo las neuronas espejo y la empatía cerebral pueden ayudarlo a crear relaciones más profundas y significativas con su equipo, generando confianza y colaboración como nunca antes.

Maneje el estrés como un profesional
¿Sabía que puede reconfigurar su cerebro para manejar el estrés y convertirlo en un amigo en lugar de un enemigo? Con el neuroliderazgo convertirás estos momentos difíciles en oportunidades de crecimiento.

Fomentar el cambio y el cambio
En un mundo en constante cambio, los líderes deben ser

agentes de cambio. El neuroliderazgo te enseña cómo adaptarte y liderar a tu equipo para tener éxito en medio de la incertidumbre.

¿Por qué necesitas neuroliderazgo en tu vida?
Esta no es otra idea de moda. Es una herramienta esencial para el liderazgo en el siglo XXI. No importa si lideras un equipo pequeño, una gran empresa o simplemente quieres ganarte la vida. El neuroliderazgo es el puente que conecta tu potencial con lo que quieres tener en el mundo.

Pero aquí está la cuestión: el conocimiento sin acción no tiene valor. Hoy tienes la oportunidad de empezar a cambiar la forma en que conduces y vives tu vida.

Ahora es el momento de actuar
Cada día se pierde si continúas liderando sin entender el poder de tu cerebro. No dejes que la oportunidad de cambiar tu vida y la de quienes te rodean sea "un día".

Da el primer paso hacia un liderazgo intencional, satisfactorio y transformador. El neuroliderazgo no es sólo una herramienta, es un cambio y tú puedes ser parte de él.

¿Estás listo para dejar de lado viejas creencias y liderar con un verdadero propósito? El momento de cambiar tu vida y la de los demás comienza ahora.

¡Intenta liderar como nunca antes y encuentra el poder que siempre ha estado dentro de ti!

LA CONEXIÓN ENTRE EL CEREBRO, LA TOMA DE DECISIONES Y EL LIDERAZGO

El poder oculto detrás de cada decisión

¿Alguna vez te has preguntado por qué algunos líderes parecen tener el poder espiritual para tomar decisiones que impactan y cambian? No es suerte ni magia. Esto es neurociencia. Entiendo cómo funciona el cerebro humano y uso este conocimiento para liderar con propósito, claridad y poder. Hoy te invito a explorar cómo la relación entre tu cerebro y la toma de decisiones puede ser la clave para llevar tu liderazgo al siguiente nivel.

Desafiando las creencias comunes en el liderazgo
Durante muchos años, hemos creído que el liderazgo se basa en habilidades técnicas o logros. Sin embargo, no es sólo el liderazgo lo que controla el trabajo, sino también la comprensión del motor que impulsa todas las decisiones: el cerebro.

Tu cerebro es el órgano más avanzado del mundo conocido, pero aquí está la cuestión: la mayoría de la gente lo usa en piloto automático. Actúan pero no reaccionan, toman decisiones rápidas y dejan que sus emociones se apoderen de ellos. ¿Qué pensarías si te dijera que puedes programar el piloto automático para convertirte en un gran líder? ¿Qué pasaría si no solo tomaras una decisión, sino que inspiraras un cambio significativo?

La ciencia de desafiar la independencia
Hay dos partes principales del cerebro que influyen en las decisiones de liderazgo:

Sistema límbico: Responsable de nuestros pensamientos, sentimientos y necesidades.
Corteza prefrontal: Responsable del análisis, procesamiento y toma de decisiones de datos.
Suceden cosas sorprendentes cuando estas dos partes trabajan juntas: la toma de decisiones y el apoyo inteligente. Este equilibrio no sólo cambiará su forma de liderar, sino también la forma en que los demás lo ven.

Un ejemplo de la vida real
Piensa en un jefe que realmente admiras. ¿Por qué sucede esto? Quizás sea su capacidad para organizar sus pensamientos mientras toma decisiones inteligentes. Esto no es un accidente. Este es el resultado directo de comprender cómo funciona el cerebro y utilizarlo como una herramienta poderosa.

Beneficios sorprendentes de este método
Toma de decisiones rápida y eficaz: saber cuándo confiar en su instinto y cuándo seguirlo le ahorrará tiempo y energía.
Construya conexiones más estrechas con su equipo: al comprender lo que sucede en las reuniones, puede crear un ambiente de confianza y motivación.

Pagina 22

Manejo del estrés: aprender a controlar su cerebro puede ayudarlo a mantener la calma y la claridad incluso en los momentos más difíciles. Capítulo
Esto no es solo una idea; es una ciencia aplicada. Aquí está la mejor parte: puedes aprender a hacerlo.

Tu corazón es tu mejor asistente
El liderazgo transformacional comienza contigo. Pero aquí está la verdad que muchas personas evitan decir: si no has aprendido a liderarte a ti mismo, no podrás liderar a otros. Esto significa comprender cómo funciona su cerebro, eliminar creencias negativas y mejorar su toma de decisiones.

La buena noticia es que no necesitas ser psíquico para usarlo. Con el conocimiento y las herramientas adecuados, puedes descubrir pistas que cambiarán tu vida, empezando por ti mismo.

POR QUÉ COMPRENDER EL CEREBRO ES LA CLAVE PARA EL LIDERAZGO EN EL SIGLO XXI

¿Sabías que un líder exitoso en el siglo XXI no se trata sólo de liderar un equipo o tomar buenas decisiones? Estos son los que entienden el funcionamiento del cerebro humano, ya sea el tuyo o el de tu equipo. El siglo XXI está cambiando la forma en que entendemos el liderazgo y si no comprendes cómo funciona el cerebro, te quedarás atrás. Los invito a un viaje hacia el futuro del liderazgo. ¿Estás listo para descubrir por qué comprender tu cerebro es un poder increíble que transformará tus habilidades de liderazgo?

Evaluación de creencias comunes sobre el liderazgo
Durante siglos, el liderazgo se ha definido erróneamente: como rápida toma de decisiones, habilidad y autoridad. Sin embargo, esta capacidad ya no es suficiente en este siglo. Hoy en día, el liderazgo eficaz está ligado a una comprensión más profunda de cómo funciona el cerebro humano. El cerebro no sólo controla nuestras emociones, sino también nuestras respuestas a los problemas, las decisiones que tomamos y la forma en que nos relacionamos con los demás.

El problema es que la mayoría de los líderes no se dan cuenta de cómo sus decisiones afectan la moral de su equipo. Peor aún, sus habilidades de liderazgo ignoran el impacto de sus emociones y respuestas cerebrales.

El cerebro: la fuente secreta del buen liderazgo
Aquí está la verdad: el cerebro humano es la clave de todo. Y los líderes que no entienden cómo utilizar ese

conocimiento limitan su capacidad para cambiar, inspirar y transformar. Las buenas decisiones no surgen sólo de la mente; Nacen de una combinación de emociones bien gestionadas, una intuición adecuada y un profundo conocimiento de cómo crear mejores redes neuronales en cada situación.

Esto es lo que marca la diferencia entre los grandes líderes. No importa cuántos años de experiencia tengas ni cuántas estrategias conozcas; Así es como podrás comprender y gestionar tus emociones, impulsos y las acciones de tu cerebro y de los demás para tomar decisiones que cambiarán todo lo que te rodea.

Beneficios sorprendentes de comprender su cerebro
Toma de decisiones más inteligente y rápida: comprender su cerebro lo ayuda a tomar la decisión correcta en una situación, sin que las emociones y el estrés lo detengan.
Mejores conexiones y conexiones: al comprender cómo funciona el cerebro de su pareja, puede crear conexiones más profundas y claras que se alineen con su visión.
Fuerte resistencia: un cerebro bien entrenado puede manejar obstáculos, dudas y contratiempos. Ser líder en el siglo XXI significa permanecer en el poder cuando el mundo se detenga.
Mantenerse inspirado: Saber cómo crear la red adecuada dentro de ti y de tu equipo te da el poder de mantenerte motivado y motivado, creando cada vez más equipos.
Lo que saben los líderes del siglo XXI... y usted puede aprender más
Los grandes líderes en cualquier campo son malos comunicadores. Saben cómo hacer que las personas piensen, sientan y se comporten de manera diferente. Pero no es magia, es ciencia. Usted, como futuro líder, necesita conocer este conocimiento.

La neurociencia detrás del liderazgo está disponible para todos, pero pocos la utilizan. ¿Quiere ser parte de la adquisición de este conocimiento o otros se quedarán atrás en el camino hacia un futuro mejor?

Es hora de trabajar
Hoy tienes una oportunidad especial: utiliza tu capacidad intelectual para convertirte en un líder destacado. Ésta es la diferencia entre liderazgo emocional y comunicación interpersonal. Los líderes del siglo XXI están escribiendo las reglas del juego y ahora es el momento de unirnos a ellos.

Si siempre piensas que necesitas más experiencia o habilidades, te estás reprimiendo. La verdadera pregunta es: ¿estás listo para cambiar de dirección? La única forma de lograrlo es comprender cómo funcionan los cerebros de su equipo y su equipo. Y no solo escuches, úsalo a tu favor.

Los días de los líderes tradicionales han terminado. La era de los neurolíderes ha comenzado.

Pagina 26

DECISIONES QUE MARCAN LA DIFERENCIA

Toma de decisiones: el poder de la elección deliberada

Tomamos decisiones todos los días. Desde qué desayunar hasta cómo responder preguntas inesperadas. Pero hay una verdad que pocos aceptan: no todas las decisiones son iguales. Hay decisiones desconocidas y decisiones que cambian la vida. ¿Qué decisión estás tomando hoy?

La cuestión no es si tomas una decisión, sino si tomas la decisión correcta. Cambia, crea y caracteriza el antes y el después. Porque déjame decirte algo: el éxito no se trata de tener suerte, es el resultado directo de las decisiones que tomas todos los días.

Evaluación de creencias comunes sobre las decisiones
Muchos creen que las decisiones importantes se toman sólo en situaciones difíciles. Pero la situación es diferente: las pequeñas decisiones tienen grandes consecuencias. La vida no se define por uno o dos momentos, sino por miles de microtomas cada día.

¿Asumir un nuevo desafío o permanecer en tu zona de confort?
¿Debo hablar en esta reunión o permanecer en silencio?
¿Retrasar el progreso o dar el primer paso hacia un cambio real?

La Mente de un Líder

Muchas personas desprecian su libertad de elección, porque creen que las Escrituras están escritas. ¡Es hora de luchar contra esa creencia! Tienes el poder de elegir y tus decisiones son el modelo de tu futuro.

Los resultados de la toma de decisiones voluntarias. No es sólo una idea; Es conocimiento. Nuestros cerebros están diseñados para adaptarse y cambiar según las decisiones que tomamos. Todas las decisiones funcionan sobre un sistema nervioso que refuerza la competencia, la confianza y la capacidad para afrontar los problemas.

Decisiones inteligentes:

Autoconfianza inquebrantable: Cuando tomas buenas decisiones, te conviertes en alguien que sabe lo que quiere y cómo conseguirlo.
Crecimiento: Decisiones inteligentes que te sacan de tu zona de confort y te llevan a nuevos niveles de éxito.
Relaciones Verdaderas: Al elegir tus valores, atraes personas que comparten tu visión y energía.
Juego de toma de decisiones
Piensa en tu persona favorita. Un líder, un visionario, un emprendedor. ¿Crees que de repente llegaron a donde estaban? NO Vinieron porque tomaron decisiones duras, valientes y a menudo impopulares. La decisión les obligó a abandonar su zona de confort, pero significó sus vidas.

Y aquí está la parte interesante: tú puedes hacer lo mismo.

¿Qué decisión cambiará tu vida hoy?
La pregunta importante no es si puedes cambiar tu vida; La pregunta es: ¿estás listo para tomar las decisiones que harán que esto suceda? Tal vez sea hora de invertir en ti

mismo, decir sí a las oportunidades que te asustan o dejar de lado las cosas que no son adecuadas para ti.

Porque seamos realistas: cada día que retrasas una decisión, pierdes tiempo y oportunidades. No hay mejor momento. Ahora es el momento de actuar.

Es hora de tomar una decisión
Esto no es sólo un llamado a pensar. Esta es una pregunta directa para usted. No esperes a que la vida decida por ti y toma una decisión. Porque la decisión que tomes hoy será la historia del mañana.

Elige la talla. Seleccione las variables. Elija tomar una decisión que marcará la diferencia.

EL PODER DE LAS DECISIONES EN EL LIDERAZGO.

El poder de la toma de decisiones y el liderazgo: el arte de cambiar cada elección

Llega un momento en la vida de todo líder en el que todo se detiene. En este momento, enfrentamos decisiones que pueden determinar no sólo nuestro camino, sino también el rumbo de quienes confían en nosotros. Triste verdad:

el liderazgo se usa en nombres o palabras, pero con la capacidad de tomar decisiones que influyen y cambian.

La toma de decisiones explicada por los líderes
Mucha gente cree que el liderazgo se trata de gracia, experiencia o fuerza. ¿Pero qué pasa si los resultados no llegan? ¿Cuándo el grupo no se está desarrollando? El problema no es la estrategia ni el talento. Esto se debe a que estas decisiones no se tomaron por miedo o duda.

El liderazgo eficaz es una habilidad, su base es la determinación. Cada elección, desde cómo manejar el conflicto hasta cómo avanzar, envía el mensaje: "Créame, sé hacia dónde vamos" con sabiduría. Admitir que no tienes todas las respuestas y buscar una relación es una de las decisiones más poderosas que puedes tomar.

Creencia: "Cuanto más rápido, mejor"
Realidad: No se trata de velocidad, se trata de precisión. Los líderes seguros saben cuándo actuar rápidamente y cuándo esperar porque entienden que la velocidad afecta la calidad de las decisiones.

Afirmación: "Es mejor tomar decisiones fuertes"
Verdad: Sí, no todas las decisiones agradarán a todos. Pero los buenos líderes eligen la honestidad y una perspectiva a largo plazo que, en última instancia, genera respeto y confianza.

El asombroso impacto de los líderes decisivos
Los líderes que toman decisiones valientes y decididas marcan la diferencia:

Cambio grupal en la sociedad: decisiones alineadas con valores que inspiran compromiso. La gente no sólo trabaja para esos líderes; Se unen a ellos.

Innovación : cuando los miembros del equipo ven que los líderes asumen riesgos calculados, se sienten capacitados para hacer lo mismo.
Construir una confianza duradera: Las decisiones que destruyen la confianza, aunque sean difíciles, la fortalecen;

Cada decisión que tomas como líder es una semilla plantada en el suelo del futuro. ¿Qué estás cultivando hoy con tus elecciones?

El cerebro del líder: líderes que toman decisiones
La ciencia del liderazgo está estrechamente relacionada con cómo nuestro cerebro procesa la información. El neuroliderazgo nos enseña que las mejores decisiones no provienen del instinto ni de la presión externa, sino de una mente entrenada para observar, reflexionar y actuar sistemáticamente.

La toma de decisiones con propósito activa partes del cerebro asociadas con la precisión y la confianza.
mide el riesgo y la recompensa, fortaleciendo la conexión entre la emoción y la lógica, creando un equilibrio perfecto.
Lo principal es entrenar tu mente para ver más allá de lo visible, para convertir las dificultades en oportunidades y, lo más importante, para actuar sin miedo.

Es hora de decidir un cambio de liderazgo. Requiere líderes que tengan el coraje de tomar decisiones a pesar de la incertidumbre. Porque cada decisión difícil significa un paso hacia el cambio y cada elección correcta significa cambio.

La cuestión es: ¿puedes liderar bien? La pregunta es: ¿Qué decisión tomarás que podría cambiarlo todo?

Hoy es el momento de actuar. Si lideras sin razón, lideras a ciegas. Pero cuando lideras con un propósito, logras un impacto duradero.

Elige ser el líder que tu equipo, tu organización y el mundo desean. Deja que tu decisión sea un legado. Porque todo líder que se atreve a tomar una decisión sobre metas y visiones tiene la capacidad de cambiar no sólo el hoy, sino también el futuro de quienes lo rodean..

El poder de la toma de decisiones en el liderazgo: En resumen, el liderazgo es el acto de tomar decisiones. Desde la niñez hasta la edad adulta, todos los líderes enfrentan una hoja de ruta: ¿hacia dónde vamos y cómo llegaremos allí? Comprender las consecuencias de nuestras decisiones no sólo cambia la dirección de la organización, sino que también impacta nuestro liderazgo y nuestras vidas.

Elecciones éticas
Como líder, cada decisión que toma envía un mensaje a su equipo. La gente se centra en tus decisiones y en cómo las tomas.

¿Tienes acceso o control? Capítulo ¿Eres fuerte o no? ¿Tu elección es miedo o suerte? Cuando tomas decisiones claras y objetivas, creas una cultura de confianza y lealtad. Pero si posterga, evita o actúa demasiado rápido, los resultados serán inciertos y poco confiables.

Grupos de trabajo: toma de decisiones y liderazgo
La toma de decisiones no ocurre simplemente en la cabeza; Es un equilibrio interesante entre emoción, sentimiento y experiencia.

La emoción como motor principal:
Todas las decisiones comienzan con una respuesta emocional. Esta es una señal de advertencia de que necesitas algo. ¿Su problema? No dejes que esta emoción sea tu única fuerza impulsora.

Equilibrio de razón y emoción:
Los líderes eficaces saben combinar la lógica con la razón. Aquí es donde entra en juego el entrenamiento cognitivo: es una mente bien organizada que conecta lo que oye con lo que sabe y convierte los datos y las ideas en acción.

La repetición hace la perfección:
Cada pensamiento que tienes entrena a tu cerebro para hacer esto. Cuando toma las decisiones correctas, su liderazgo se convierte en un "músculo" poderoso.

El costo de no elegir:
Muchas veces, el mayor enemigo del liderazgo no son las malas decisiones, sino el mal pensamiento. No elegir es elegir.

Elijo quedarme de pie.
Dejo que otros asuman la responsabilidad
Envía mensajes maliciosos a tu grupo.

En un entorno cambiante, la inactividad es la opción más rápida y menos necesaria.
Diferencia entre decisiones ordinarias y especiales
No todas las decisiones son iguales. Mucha gente resuelve los problemas rápidamente; la sorpresa cambia la realidad.

Opción común: centrarse en las cosas importantes y olvidarse siempre de las cosas importantes.
Opciones concretas: considere el propósito, el impacto a largo plazo y el legado que lo guiarán.
Los líderes que quieren sobresalir no temen las decisiones difíciles. Saben que son el lugar más importante para crecer, innovar y crear algo duradero.

Cómo tomar decisiones que beneficien y cambien
Defina su propósito:
Todas las decisiones deben estar alineadas con sus necesidades y objetivos. Si no sabe lo que representa, sus opciones serán limitadas.

Analiza el riesgo, pero no descanses:
El análisis es importante, pero no dejes que la perfección se interponga en el progreso. A veces la mejor decisión es conformarse con lo que tienes.

Escuche, pero lidere:
Retribuir es importante, pero en última instancia, usted es responsable. El propietario tiene derecho a elegir, pero no derecho a decidir.

Entrena tu cerebro para tomar mejores decisiones:
La meditación, el aprendizaje continuo y la experiencia de vida desarrollan tu capacidad para tomar decisiones bajo presión.

Pagina 34

Aprende de los errores:
Incluso las malas decisiones pueden ser beneficiosas si las utilizas para crecer y cambiar tu camino.

Elección y cambio: el llamado a ser líder
Liderazgo no significa tener todas las respuestas. Avanzar con un propósito, generar confianza y tomar decisiones puede conducir al cambio. En todas las decisiones, tienes el poder de cambiar tus circunstancias y tienes el poder de cambiarte a ti mismo.

La pregunta es: ¿Estás listo para ser un líder que toma grandes decisiones? Porque el liderazgo no espera a lugares importantes. Es hora de actuar, de elegir, de cambiar.

¿QUÉ HACE QUE UNA DECISIÓN SEA TRANSFORMADORA?

¿Qué cambiará la decisión?

Durante nuestra vida, tomamos miles de decisiones, desde qué desayunar hasta cómo realizar nuestro trabajo. ¿Pero te has parado a pensar en qué hace que se tome una decisión? No estamos hablando de pequeñas decisiones todos los días, sino de aquellas que cambian el juego, definen tu camino e inspiran tu potencial.

Te invito a conocer tu opinión sobre la toma de decisiones. ¿Estás listo para descubrir el poder oculto detrás de las decisiones transformadoras y cómo puedes comenzar a utilizarlas para cambiar tu vida hoy?

Historia de las decisiones importantes
Nos enseñaron que para tomar decisiones importantes debemos analizar hasta el último detalle, ver todos los resultados posibles y esperar "el momento perfecto". Déjame decirte: ese momento nunca llegará.

La decisión de cambiar no se trata de tener todas las respuestas, sino de comprender quién eres y hacia dónde quieres ir. Junto al perfeccionismo, lo más importante es comprometerse con el progreso.

"No es la decisión de eliminar algún problema lo que hace que la decisión de cambiar, sino la que te conecta con tu propósito más profundo."

¿Qué cambiará la decisión?
En términos científicos, las decisiones de cambio se reconocen activando las principales partes del cerebro relacionadas con la realidad, la visión a largo plazo y la motivación interna. Veamos lo más importante:

1. *Metas claras*
La decisión de cambiar comienza con una base sólida: saber lo que realmente quieres.
El lóbulo frontal, que es responsable de planificar y pensar, funciona cuando vemos un objetivo claro. Sin una

dirección clara, nuestras decisiones son dispersas e ineficaces.

Cambia tu vida: Pregúntate, ¿esta elección me acercará a la vida que quiero crear? Si la respuesta no es "sí", es hora de reconsiderarlo.

2. *Coraje para afrontar el cambio*
El cambio genera incertidumbre, y nuestro cerebro, especialmente la amígdala, puede interpretarlo como una amenaza. Es por eso que la mayoría de las personas permanecen en su zona de confort que les impide crecer.

La decisión de cambiar te desafía a afrontar el miedo con valentía. No es la falta de miedo lo que cambia el resultado, sino tu capacidad para actuar independientemente.
Cambia Tu Vida: Amigos Sólo Si. Sepa que es una señal de que está a punto de cruzar la línea y llevarla al siguiente nivel.

3. *Influir en ti mismo y en los demás*
Cambiar decisiones no sólo cambiará tu vida; Tendrá un efecto suave en las personas que te rodean. Cuando tomas decisiones basadas en tus valores, inspiras a otros a hacer lo mismo.

El neurocientífico Antonio Damasio descubrió que las emociones son muy importantes en la toma de decisiones. No sólo te verás impulsado a tomar decisiones basadas en tus sentimientos positivos, sino que también afectará a quienes te rodean.

Cambia tu vida: Pregúntate, ¿cómo afectará esta decisión a las personas que amo y lidero?

4. *Consentimiento para actuar*
Una decisión clara es una cuestión sin consecuencias. Aquí es donde entra en juego tu sistema dopaminérgico: la dopamina, también conocida como molécula estimulante, se libera cuando haces algo específico para tus objetivos.

La práctica, por pequeña que sea, aumenta tu confianza y crea un patrón de progresión saludable.

Cambia tu vida: divide tus decisiones en pasos claros y ejecuta cada acción. Esto te dará mucho.

La hora actual es
La decisión de cambio no está esperando una condición completa. No frena el "qué dicen" y el miedo al fracaso. Serio, desafiante y buena persona.

Hoy te reto a que te hagas esta pregunta:

¿Qué decisión tomaré que pueda cambiar mi vida?

No necesitas un camino de fuego; tienes que trabajar duro por ti mismo. Porque las decisiones transformadoras no solo cambian tu tiempo: definen tu futuro y el legado que dejas atrás.

Gran error: pensar que todas las decisiones son iguales
Nos han dicho que "tomar decisiones es parte de la vida". Lo que no nos dicen es que todas las decisiones son diferentes.

El mayor error que cometemos es creer que todas las opciones tienen el mismo valor. Decidir qué ponerse para

una reunión no es nada comparado con decidir si dejar un trabajo que no le gusta, mudarse a otro país o comenzar el negocio de sus sueños. Hay una cosa importante al tomar la decisión de cambiar algo: no es fácil. Te sacan de tu zona de confort y por eso te atraen a la grandeza.
"El verdadero liderazgo comienza cuando tomas una decisión audaz, no buena".

¿Qué te hace decidir cambiar tu vida?
Para comprender cómo una decisión puede cambiar realmente, debemos ir más allá de lo obvio. Aquí entramos en el fascinante área del cerebro humano y su relación con el liderazgo y la toma de decisiones.

1. Alineate con tus objetivos internos
La decisión de cambiar es práctica e irracional; Es muy emotivo. Las investigaciones en neurociencia muestran que el cerebro toma decisiones importantes basándose no sólo en la lógica (corteza frontal), sino también en las emociones (sistema límbico).

Cuando tomas una decisión sobre tus objetivos, utilizas el poder de tu cerebro para impulsarte hacia adelante incluso cuando las cosas son difíciles. Una combinación de objetivos toma decisiones efectivas e impactantes.

¿Cómo haces eso?
Tómate el tiempo para pensar en tus valores, tus objetivos más profundos y lo que es importante para ti. Cuando tomes una decisión al respecto, sentirás un poder imparable.

2. El poder del riesgo calculado
La decisión de cambiar puede ser arriesgada, pero no clara. De hecho, la investigación en neurociencia ha

demostrado que niveles moderados de incertidumbre activan áreas del cerebro asociadas con el aprendizaje y la adaptación.

Verdad: El miedo al fracaso siempre estará ahí. Pero también lo es la oportunidad de mejorar. Las personas que han dejado su huella en el mundo no son las que evitan el peligro, sino las que lo afrontan con estrategia.

¿Qué vas a hacer?
Pregúntate antes de tomar una gran decisión: ¿Qué podría salir mal? Y lo más importante, ¿qué es lo mejor que me podría pasar si tomo esta decisión?

3. Crea un efecto dominó positivo

Decisiones que no sólo afectan tu vida; Tienen el poder de cambiar el comportamiento de las personas que te rodean. Piénselo de esta manera: cuando un gerente se compromete a crear un lugar de trabajo positivo, mejora la calidad de todo su equipo. Cuando eliges cuidar tu salud emocional, animas a otros a hacer lo mismo.

Las decisiones que tomas tienen consecuencias. Por tanto, cualquier decisión de cambio es también una decisión de gestión.

Acción práctica: Considera cómo tus elecciones afectan a los demás. Piensa en el impacto que puedes tener si eliges la verdad, el coraje y la visión. . La neurociencia nos dice que cada pequeño paso hacia una meta libera dopamina, la sustancia química cerebral asociada con la motivación y el placer. Estos productos aumentan tu confianza en ti mismo y te hacen sentir mejor.

Pagina 40

La clave del éxito:

Divide tus decisiones en pasos concretos.
Disfruta de cada logro, por pequeño que sea.
Shikama. El cambio no ocurre de la noche a la mañana, pero cada día es importante.
Precisión de la posición: ¿qué decisiones estás postergando?
Piénsalo: cada decisión que tomas construye tu futuro, ya sea el camino hacia tus metas y tu éxito o tu relación.

Hoy te invito a mirar más de cerca las decisiones que has tomado. Sabes quién es. Lo que sientes por dentro puede cambiar tu vida, pero te asusta porque sabes que es importante.

¿Qué estás esperando? ¿Más gente? La verdadera pista aquí es: usted mismo.

No volver a guardar. Mañana no es el momento de tomar esa decisión que dejaste, sino ahora. Porque al final la vida no se mide por las oportunidades que se nos dan, sino por las decisiones que tomamos para alcanzarlas.

Puedes elegir. Ten el coraje de cambiar. Porque el verdadero poder de un líder, de un visionario y de la influencia no está en lo que sabe, sino en las decisiones que quiere tomar.

EL IMPACTO DE LAS DECISIONES EN EQUIPOS Y ORGANIZACIONES.

El Impacto de las Decisiones en Equipos y Organizaciones

En el mundo del liderazgo, hay un hecho que no puedes olvidar: las decisiones que tomas no sólo influyen en la dirección de tu viaje, también cambian la vida de todos los que te rodean. Pero, ¿hasta qué punto entendemos el impacto de nuestras decisiones en nuestros equipos y nuestras organizaciones?

Hoy es el día para romper con tus pequeñas creencias, mirar más allá de lo obvio y ver cómo esto puede hacer o deshacer tu legado como líder.

Gran Cartel: La toma de decisiones es sólo una cuestión de lógica
¿Cuántas veces has oído que las decisiones deben ser "reflexivas"? La realidad es que las decisiones que toman los equipos y las organizaciones son tanto emocionales como estratégicas. La neurociencia respalda esto: nuestros cerebros realmente no separan las emociones de la lógica al tomar decisiones.

Esto no es una debilidad; esto es fuerte. Cuando comprendes el impacto emocional de las decisiones que tomas, no sólo cambias los números, sino que también cambias a las personas. Y en el liderazgo, el talento es clave.

Pagina 42

Reacciones dominó: cómo una decisión cambia todo

Cada decisión en una organización tiene un efecto dominó. Considere:

Los líderes que deciden invertir en la salud emocional de sus equipos experimentan una mayor productividad y lealtad.

Una mala decisión, como ignorar las preocupaciones de un empleado, puede destruir la confianza y la moral en cuestión de semanas.

Éste es el verdadero desafío: saber que las elecciones pueden ser un buen comienzo o pueden ser el primer paso hacia el caos.

¿Qué hace que una decisión sea efectiva?

No todas las decisiones son iguales. Para tomar decisiones que cambien grupos y organizaciones, se deben cumplir tres criterios:

1. Comprensión del programa

Las decisiones sólidas responden a una pregunta fundamental: ¿Por qué hacemos esto?

Los líderes eficaces no toman decisiones por tomar decisiones. Cada elección que toman está alineada con una visión y objetivos claros. Según una investigación en psicología de la gestión, los equipos que entienden el "por qué" detrás de las decisiones experimentan un aumento del 20% en el compromiso.

2. Beneficios de las emociones positivas

El cerebro humano está diseñado para responder a las emociones. Cuando sus decisiones son inspiradoras, motivadoras y gratificantes, los empleados no sólo harán su trabajo, sino que trabajarán más duro.

No se trata de evitar decisiones difíciles. Esto significa hablarles con compasión y mostrarles que cada elección, por difícil que sea, tiene un propósito mayor.

3. Acción continua
Esto no es sólo una decisión, sino también una implementación. Las decisiones que tienen un impacto real deben traducirse en acciones concretas y mensurables. Un estudio de Harvard Business Review muestra que el 70% de las decisiones fallidas no se deben a que la decisión se haya tomado mal, sino a que se implementó mal.

La decisión de formar un equipo de mérito
¿Quieres formar un equipo que siga tus órdenes, pero comparta tu visión? Aquí tienes tres decisiones importantes para cambiar tu equipo:

1. Apuesta por el desarrollo del talento
Decidir invertir en formación y hacer crecer tu equipo es una elección segura. Cuando los empleados comprendan que su desarrollo personal es importante, su rendimiento y productividad aumentarán.

2. Crear una cultura de confianza
Al decidir dejar claras las acciones y decisiones, se desarrolla la confianza. La confianza es la base de todo equipo exitoso.

3. Mejorar la salud general
Las decisiones para proteger la salud física y mental de su equipo no solo pueden reducir el estrés, sino también aumentar la creatividad y la energía.

Pagina 44

Decisiones que cambian las organizaciones
Ahora, miremos el nivel macro: ¿Qué tipo de decisiones afectan a la organización en su conjunto?

1. Innovación audaz
Las organizaciones exitosas no tienen miedo de tomar decisiones arriesgadas y creativas. Si te quedas en tu zona de confort, te quedarás atrás.

2. Estrategia Estrategia
El mundo está cambiando rápidamente y las organizaciones exitosas son aquellas que deciden adaptarse rápidamente. No tiene por qué ser repentino, pero requiere un giro rápido.

3. Liderazgo personal
Las empresas más exitosas no sólo son rentables; Buscan influencia. Un compromiso con el liderazgo y el propósito motiva a los empleados y clientes..
Las decisiones que usted toma como líder no son sólo elecciones binarias. Es un proceso transformador que tiene el poder de crear cultura, motivar equipos y marcar el rumbo de toda la organización. Pero se desconoce la verdadera magnitud de este poder. Ahora es el momento de cambiar eso.

Imagina un equipo donde cada miembro siente que su contribución es importante, la confianza fluye como un río y es evidente en todas las actividades. Ahora imagina lo contrario. Equipos paralizados por la falta de dirección, agotados por la incertidumbre, decepcionados por líderes desmotivados. ¿Cuál es la diferencia entre los dos? Es tu decisión.

El poder absoluto de las decisiones

Cada decisión, por pequeña que sea, crea un efecto dominó. Desde las conversaciones cotidianas en las reuniones hasta las estrategias empresariales de alto nivel, todo tiene consecuencias. Pero esto es un secreto. Las decisiones correctas no son las únicas cosas que realmente marcan la diferencia. Son gente valiente.

La ciencia enseña que el cerebro humano es una máquina compleja diseñada para evitar daños. La amígdala nos advierte del peligro y la corteza frontal nos ayuda a pensar. Pero el liderazgo implica mucho más que el proceso de toma de decisiones. Significa conectar la lógica y la emoción con el liderazgo y el diseño.

El papel de las decisiones en equipos exitosos

1. Decisiones que mejoran la confianza

La confianza es el pegamento que mantiene unidos a los equipos. Cuando decides ser transparente, mostrar amor y cumplir tus promesas, los resultados son sorprendentes. Un estudio realizado por Great Place to Work Institute encontró que los equipos altamente comprometidos son un 50% más productivos y tienen tasas de rotación un 76% más bajas.

2. Decisiones que promueven la cooperación

Los equipos que creen que sus líderes valoran la diversidad de opiniones son más creativos y resilientes. Tomar la decisión de invitar a todos a la mesa, escuchar atentamente y actuar en consecuencia no sólo fomentará la creatividad sino también el sentido de pertenencia.

Pagina 46

3. Decidir ejercer los derechos humanos

Nunca subestimes el poder de una palabra amable o del reconocimiento público. La decisión de valorar a las personas por lo que son, no sólo por lo que hacen, crea un ambiente de trabajo respetuoso y motivador.

Cambiar las organizaciones según su propósito

Las organizaciones no son entidades abstractas. Un ecosistema vivo se crea mediante decisiones cotidianas. Como cualquier otro ecosistema, su salud depende de las acciones de las personas que lo lideran.

1. Decide con un propósito, no sólo con fines de lucro.

Las empresas exitosas en el siglo XXI son aquellas que entienden que el éxito financiero es un resultado, no una meta. Cuando eliges liderar y ser creativo, inspiras a tus empleados, clientes y a la comunidad en general.

2. Capaz de innovar a pesar del riesgo

En un mundo en constante cambio, la adaptabilidad es un bien arriesgado. Las decisiones audaces que desafían las convenciones son las que lo mantendrán organizado y competitivo.

3. Decide adaptarte rápidamente.

La agilidad en la gestión no es algo aislado, es necesario. La decisión de ajustar la estrategia, adoptar nueva tecnología o reorganizar equipos es lo que diferencia a las empresas que triunfan de las que sobreviven.

La ciencia detrás de las nuevas decisiones

¿Sabías que cada vez que tomas una decisión, estás reconfigurando tu cerebro? Esto se debe a la neuroplasticidad, la capacidad del cerebro para crear y ajustar conexiones sinápticas en respuesta a la experiencia.

Tu cerebro está entrenado para ser un líder más eficaz a medida que tomas decisiones basadas en la compasión, la lógica y la razón. Y aquí está la mejor parte. También estás influyendo en el cerebro de quienes te rodean. Un estudio publicado en Frontiers in Human Neuroscience encontró que los líderes que toman decisiones claras y positivas activan circuitos neuronales en su equipo, creando cohesión y confianza.

Hora de tomar una decisión: el cambio comienza contigo. La ignorancia es el mayor enemigo del liderazgo eficaz. Cada día postergas una decisión, cada día dudas de tu capacidad de liderazgo, pierdes una oportunidad de cambiar tu equipo y tu organización.

No hay límite para el impacto de tus decisiones. Esto puede aumentar el equipo a su máximo potencial o reducirlo a la ineficiencia. Pero esta es la verdad. Tienes derecho a elegir.

¿Te sientas y te alejas por miedo a cometer un error? ¿Asumirá el cargo, asumirá la responsabilidad y liderará con confianza?

Pagina 48

CÓMO FUNCIONA EL CEREBRO DEL LÍDER

Cuando hablamos de liderazgo, muchas veces pensamos en inteligencia, carisma o capacidad de influencia. Pero ¿qué pasaría si te dijera que el verdadero poder detrás de un líder no es su carácter o su experiencia, sino algo más profundo? El cerebro.

El liderazgo no comienza en una sala de chat ni está asociado con el nombre de un líder. Comienza con las conexiones neuronales del cerebro. Este maravilloso cuerpo que pesa más de un kilo es responsable de cada decisión, cada pensamiento y cada impacto que creas en tu equipo y en tu equipo. ¿Te imaginas lo que podrías lograr si supieras cómo mejorar su trabajo?

Prepárate para descubrir los secretos de los pensamientos guiados y cómo puedes utilizarlos para cambiar no sólo tu vida sino la de todos.

Fe pura: el liderazgo no es inteligencia, es neurociencia Olvídese de las historias de que los líderes nacen con un "don especial". El liderazgo no es una habilidad básica, es una habilidad básica. ¿Como? Utilice la neuroplasticidad, la capacidad del cerebro para adaptarse y crear nuevas conexiones sinápticas en respuesta a la experiencia, el aprendizaje y los desafíos.

Por ejemplo, cada vez que gestionas conflictos, tomas buenas decisiones o motivas a tu equipo, reentrenas tu cerebro para que sea más eficiente.

La Mente de un Líder

Y aquí hay un hecho que desafía todo lo que crees saber: el cerebro del líder no funciona de la misma manera que el cerebro promedio. El liderazgo requiere una combinación única de habilidades que requiere:

Toma de decisiones rápida y eficaz.
La empatía conecta con los demás, visión a largo plazo de esperanza y resolución de problemas.

Investigación sobre liderazgo: su cerebro en acción

1. Amígdala: guardiana de la seguridad
La amígdala es la parte del cerebro responsable de nuestras emociones, especialmente el miedo. Como líder, es importante aprender a controlar este "centro de alarma". Cuando controlas tu miedo, podrás tomar decisiones sólidas y actuar con claridad incluso en medio del caos.

2. Corteza prefrontal: el centro de la buena toma de decisiones
el área del cerebro es el centro del pensamiento, la planificación y la toma de decisiones. Cuanto más desarrolle su corteza prefrontal con desafíos, aprendizaje y pensamiento, mejor funcionará. Esto crea grandes ideas y conceptos.

3. Sistema de recompensas: motivación intrínseca
¿Alguna vez te has sentido deprimido después de lograr una meta? Esto se debe a que el sistema de recompensa del cerebro libera dopamina, un motivador motivacional. Los líderes exitosos saben cómo activar este sistema no sólo dentro de ellos mismos sino también dentro de sus organizaciones.
. Grandes decisiones

Pagina 50

Las decisiones que cambian la organización no se toman por conveniencia, sino por valentía. Los líderes eficaces entrenan su cerebro para evitar la incertidumbre y tomar decisiones. ¿Cómo alcanzarlo? Expónte siempre a situaciones nuevas y aprende de ellas, incluso si fracasas.

Amor intencional
La neurociencia muestra que la compasión no es sólo un sentimiento; También es venenoso. Activa los "nervios espejo" de tu cerebro para que puedas conectarte con los pensamientos y sentimientos de tu equipo. Esto no sólo genera confianza, sino que también fomenta la colaboración y la innovación.

Pensamiento estratégico
La mente de un líder es como un radar: siempre busca patrones, anticipando desafíos y brindando soluciones. Esto debería enseñarle a su mente a mirar más allá del problema inmediato y concentrarse en el panorama más amplio.

El cambio comienza en tu cerebro
Aquí tienes una gran revelación: no tienes que esperar para convertirte en el líder que siempre has soñado. Tu cerebro ya tiene todo lo que necesita para hacer esto. Todo lo que necesitas es aprender a utilizar sus ideas.

Algunas actividades que puedes comenzar hoy:
Meditación: La meditación activa el cuerpo primero y reduce la actividad de la amígdala, permitiéndote ser positivo y claro.
Aprendizaje continuo: Cada nueva experiencia crea nuevas conexiones, mejorando tu capacidad para resolver problemas complejos.

Dar gracias: Este simple acto libera dopamina y fortalece las relaciones, lo cual es esencial para un buen liderazgo.

Tu cerebro, tu poder
Tu cerebro es la herramienta más poderosa que tienes como líder. Puede inspirar, cambiar y llevar a las personas a lo mejor. Pero aquí está la clave: tienes que decidir abrirlo.

Hoy tienes la oportunidad de convertirte en un líder que no sólo lidera, sino que cambia vidas. Tu cerebro está listo para el desafío. ¿Y tú?

No esperes más. Empieza a entrenar tu mente, desafía tus límites y utiliza tu mayor activo: el cerebro de un líder.

ANATOMÍA DEL CEREBRO Y SUS IMPLICACIONES PARA EL LIDERAZGO.

El liderazgo no es una habilidad adquirida o una cualidad que poseen unos pocos privilegiados. Esta capacidad está estrechamente relacionada con la estructura y función de nuestro cerebro. Desde cómo procesamos la información hasta cómo respondemos al estrés, la anatomía del cerebro contiene la clave detrás de las decisiones fundamentales y los momentos de inspiración que definen algunos de los cambiadores de valores originales de la historia.

Hoy exploraremos cómo la magnífica máquina biológica, el cerebro, define el estilo, el desempeño y la visión de un líder. Pero tenga cuidado: lo que está a punto de descubrir cambiará para siempre su forma de pensar sobre el liderazgo... y a ti mismo.

Neurorrevolución en el Liderazgo

Durante años hemos pensado en el liderazgo como un valor, idea o experiencia. Pero la neurociencia muestra algo más profundo y poderoso: en el corazón del liderazgo hay una danza distintiva de diferentes sistemas nerviosos.

El conocimiento teórico no es suficiente para liderar el cambio; Necesita comprender cómo funciona su cerebro y cómo enseñarle para mejorar su capacidad para motivar, tomar decisiones y conectarse.

Fundamentos del liderazgo en el cerebro

El cerebro humano tiene más de 86 mil millones de neuronas divididas en regiones específicas que juegan un papel importante en el liderazgo. Aquí te explicamos cómo estas áreas afectan tus habilidades de liderazgo:

1. Corteza Prefrontal: Experto Experto
La corteza prefrontal es el centro de control del cerebro. Aquí es donde ocurre la toma de decisiones, la planificación y la gestión del pensamiento. Los líderes con una mente funcional y una corteza prefrontal equilibrada pueden:

resolver problemas difíciles con claridad.
Considere el largo plazo al gestionar las prioridades actuales.
Mantén la calma e infunde confianza en el equipo.
Sin embargo, el estrés crónico puede afectar tu trabajo. Esto significa que aprender a gestionar el estrés no es un lujo, sino una parte importante del pensamiento.

2. Sistema límbico: el motor de la depresión
El sistema límbico incluye estructuras como la amígdala y el hipocampo, que son responsables de nuestros pensamientos y recuerdos. En términos de liderazgo, este sistema define su capacidad para:

Leer los pensamientos de su equipo y responder con comprensión.
Genera confianza e inspira a otros.
Controla tus pensamientos y no te dejes atrapar por pensamientos negativos.
Un límbico equilibrado te permite guiarte por la comprensión y la conexión, sin caer en decisiones críticas o basadas en el miedo.

3. Neuronas espejo: vínculos de investigación
¿Has visto alguna vez cómo la pasión de un líder se contagia a su equipo? Esto es gracias a las neuronas espejo, que son responsables de la percepción y la acción. Estas neuronas proporcionan:

Sus pensamientos y comportamientos afectan directamente la cultura de su organización.
Inspiras a otros teniendo confianza y determinación.
Creas un entorno colaborativo y colaborativo.

Pagina 54

Los líderes conscientes de sus emociones prefieren el compromiso y la lealtad.

4. Núcleo basal: el arte de la acción constante
Los ganglios basales son la fuerza impulsora detrás del comportamiento y la conducta automática. Cuando se trata de liderazgo, juegan un papel importante en:

Crear procesos efectivos que aumentarán su productividad.
Desarrollar una actitud constante puede aumentar tu confianza.

Capacidad de confiar en la presión.
Si alguna vez te has preguntado por qué algunas personas trabajan sin energía, la respuesta suele estar en la fuerza de su personalidad, es decir, la imagen del cerebro.

Desafío: ¿Traes todo tu cerebro contigo?
La mayoría de los líderes operan en piloto automático, sin ser conscientes de cómo su estructura cerebral influye en cada acción, interacción y resultado. Pero aquí está la audaz verdad: un liderazgo excepcional requiere mentes extraordinarias.

La buena noticia es que puedes entrenar tu cerebro para que sea más eficiente, objetivo y conectado. A continuación se ofrecen algunos consejos prácticos:

Prioriza tu rostro: practica la atención plena para mejorar tu capacidad de concentrarte y gestionar tus pensamientos.

Evalúe su sistema límbico: Tómese un tiempo para pensar en los rasgos de su personalidad y cómo impactan a su equipo.

Activa tus neuronas espejo: crea habilidades de comunicación efectivas e inspira a otros con el ejemplo. Optimizando tus ganglios centrales: identifica y refuerza hábitos que te acerquen a tus objetivos de liderazgo.

El cerebro como arma secreta del líder del siglo XXI
Comprender cómo funciona el cerebro no es una curiosidad científica; Ésta es la clave para desbloquear su verdadero potencial de liderazgo.

Considere cada decisión con confianza, capacite a su equipo y logre resultados que cambiarán sus vidas. Este no es un ideal irrealizable; Es el resultado directo de aprender a alinear tus pensamientos con tus objetivos.

La ciencia está de tu lado, pero la acción está de tu lado. No esperes más y comprueba la influencia de tu cerebro en tus líderes. El cambio comienza aquí y ahora. ¿Estás listo para alcanzar tu potencial?

LA CORTEZA PREFRONTAL: EL CENTRO DE LAS DECISIONES CONSCIENTES.

¿Qué es lo primero que te viene a la mente cuando piensas en una decisión importante en tu vida? ¿Estrés actual? ¿Miedo a la acción? Tal vez sientas claridad cuando todo parezca encajar. Pero en lo que no piensas es en la verdadera característica detrás de todas las buenas decisiones: tus pensamientos.

La parte del cerebro detrás de la frente no es la única parte viva del cuerpo. Él es tu planificador interior, tu brújula moral y el arquitecto de tus mayores sueños. Te permite no sólo responder a la vida, sino también crearla. En este blog, exploraremos este centro cerebral y cómo puedes usarlo para transformar tu liderazgo, tus emociones y tu vida.

Corteza prefrontal: un milagro evolutivo
La corteza prefrontal (PFC) es el producto de millones de años de evolución y es una de las características más singulares del cerebro humano. Representa una pequeña parte del cerebro, pero consume una cantidad incorrecta de energía: alrededor del 20 por ciento de todo el cerebro. Esto demuestra su importancia.

El PFC está asociado a funciones cognitivas superiores, lo que nos lleva a identificar:

Toma de Decisiones Psicológicas: Selección de múltiples opciones a partir de la reflexión y el análisis.

Planificación a largo plazo: Pensar en objetivos y planificar los pasos necesarios para alcanzarlos.
Gestión de impulsos: responder a los desafíos inmediatos y confiar en los beneficios futuros.

Compasión y Ética: Considerar los intereses de los demás al tomar decisiones.
Pero esta poderosa arma tiene una debilidad fatal: el estrés, la fatiga y la falta de entrenamiento pueden dañarla.

El poder de predecir decisiones
¿Alguna vez te has preguntado por qué algunas personas toman decisiones equivocadas una y otra vez? No es suerte ni una fuerza de la naturaleza; El resultado es un CPF bien capacitado.

La mayoría de nosotros tomamos decisiones repentinas sin pensar. Esto se debe a que otras partes del cerebro, como el sistema límbico (responsable de las emociones), necesitan estar bajo control en momentos de estrés. Si bien las emociones son importantes, confiar únicamente en ellas puede provocar una reacción exagerada y la incapacidad de tomar decisiones informadas.

Entonces, CPF es tu herramienta secreta. Le permite dar un paso atrás, evaluar sus opciones y elegir la opción que funcione mejor para usted y los demás, no solo la opción más fácil o divertida.

Cómo funciona la corteza prefrontal
Para comprender su función, primero debemos estudiar cómo funciona.

1. Integración de información

El PFC actúa como unidad central de procesamiento, integrando información de diferentes partes del cerebro. Digamos que estás buscando una oportunidad laboral:

Tu sistema límbico te dice cómo te hace sentir (emocionalmente) la oportunidad laboral.
Tu cerebro parietal analiza datos numéricos (percepción).
Tu memoria recuerda experiencias pasadas en la misma actividad. El CPF
lo reúne todo para ayudarle a tomar una decisión sólida e informada.

2. Póliza futura
CPF como simulador de embarazo. Le permite imaginar situaciones futuras, calcular riesgos y predecir resultados. Esta capacidad de planificar a largo plazo es la clave del éxito en cualquier área de tu vida.

Sin embargo, esta predicción no siempre es cierta. Hoy en día, muchas personas viven en la trampa de dejar que sus emociones guíen sus decisiones.

3. Control de impulsos
En un mundo lleno de distracciones, el CPF es una salvaguardia contra la tentación. Te ayuda a decir "no" a las cosas que no cumplen con tu propósito y a concentrarte en lo importante.

Los líderes con un CPF sólido saben cómo priorizar, ignorar el ruido y centrarse en lo que importa.

Fondo de Previsión y Liderazgo
Cuando hablamos de liderazgo, el Fondo de Previsión juega un papel importante. Estas son algunas de las formas en que se manifiesta la influencia:

1. Toma de decisiones basada en principios
Los líderes sabios evalúan no sólo los resultados, sino también cómo las decisiones afectan a las personas. CPF ayuda a alinear los beneficios inmediatos con el impacto a largo plazo, garantizando que las acciones estén alineadas con los valores fundamentales.

2. Protección contra el estrés
El estrés bloquea la corteza prefrontal, provocando que tomemos malas decisiones. Los líderes que practican la atención plena y otras técnicas de regulación de las emociones mantienen activa su corteza prefrontal incluso en momentos de mucho estrés.

3. Resolución de conflictos
Los líderes capacitados del CPF pueden manejar conflictos a través de la compasión y la estrategia en lugar de reaccionar agresivamente o evitar problemas.

Cómo entrenar tu corteza prefrontal
Si la corteza prefrontal es tan poderosa, ¿por qué no la aprovechamos al máximo? La respuesta es sencilla: necesitas formación. Aquí hay algunas estrategias de refuerzo basadas en la neurociencia:

1. Práctica de atención plena
La atención plena reduce la actividad en el sistema límbico y fortalece las conexiones con la corteza prefrontal. Dedica 10 minutos cada día a meditar o concentrarte en tu respiración.

2. Ejercicio regular

El ejercicio aumenta el flujo sanguíneo al cerebro y mejora la función PFC. El ejercicio aeróbico como trotar o caminar funciona bien.

3. Estimula tu mente

Resolver problemas, aprender nuevas habilidades y reflexionar sobre tus decisiones puede fortalecer las conexiones neuronales en la corteza prefrontal.

4. Prioriza el sueño

Los PFC suelen tener problemas para dormir. Asegúrese de dormir al menos entre 7 y 8 horas todos los días para mantener un rendimiento óptimo.

Tu futuro está en tus manos... no solo tu corteza prefrontal, es la fuente de tu poder. El liderazgo, la motivación y el cambio requieren decisión, y esto depende de qué tan bien entrenes esta parte de tu cerebro.

Imagina lo que podrías lograr si cada decisión que tomaras estuviera alineada con tus valores y objetivos. Imagínese liderar con claridad, propósito y una capacidad imparable para inspirar a otros.

La mente del líder no está expuesta; es un cultivo. Comience su capacitación CPF hoy y libere su verdadero potencial. Tu vida, tus decisiones y las personas que diriges merecen algo mejor.

EMOCIÓN, RAZÓN Y LA LUCHA ENTRE EL SISTEMA LÍMBICO Y EL CÓRTEX.

Hay una batalla constante dentro de ti, una danza entre dos fuerzas poderosas que dan forma a cada una de tus decisiones: el sistema límbico y la corteza cerebral. Uno es el administrador de tus pensamientos; Pero ¿qué sucede cuando estas fuerzas chocan? Esta lucha invisible no sólo determina tus decisiones, sino que también determina el camino de tu vida.

Si alguna vez has sentido que tu corazón quiere algo, pero tu mente te dice lo contrario, has experimentado esta batalla de cerebros. En este blog, veremos cómo funciona, cómo afecta su liderazgo y, lo más importante, cómo puede usarlo para cambiar su vida, su liderazgo y su toma de decisiones.

El sistema límbico: el centro emocional
El sistema límbico es una de las partes más antiguas de tu cerebro y evolucionó para sobrevivir. Es la causa de las emociones, los deseos rápidos y las acciones instintivas.

Sus partes más comunes son:

Amígdala: Central para emociones como el miedo, la ira y la felicidad.

Hipocampo: Responsable de la memoria y la asociación con experiencias pasadas.

Hipotálamo: Controla la respuesta de tu cuerpo al estrés y las emociones.

Este sistema está diseñado para actuar rápidamente y anteponer su seguridad. Por ejemplo, si estás caminando por la calle y ves una sombra que parece la de un depredador, tu sistema límbico entra en acción antes de que puedas procesar si se trata de un animal o una rama en movimiento.

El problema es que el sistema no puede distinguir entre amenazas reales y percibidas. Por eso puedes enojarte ante comentarios inocuos o tomar decisiones apresuradas cuando estás bajo estrés.

La corteza cerebral: la voz de la razón
La segunda esquina del anillo es la corteza cerebral, específicamente la corteza prefrontal, que alberga las funciones principales: planificación, pensamiento, razonamiento y autocontrol.

La corteza no reacciona rápidamente. Analizar, analizar y cuantificar las mejores prácticas en función de los datos disponibles. Te ayuda:

Medita antes de hablar.
Evaluar los riesgos y beneficios.
Tomar decisiones adecuadas y sabias.
Sin embargo, lleva tiempo. Mientras el sistema límbico grita "¡Actúa ahora!", la corteza susurra "Espera un minuto, resolvamos esto". ¿Alguna vez te has preguntado por qué es tan difícil mantener la calma cuando discutes o decir no al postre mientras comes? Esto es la guerra.

El sistema límbico te dice:

"Responde ahora y protégete". Cómete ese pastel, te lo mereces

En este momento, tu corteza cerebral está tratando de decir:

"Si gritas, lo harás". para destruir la relación".
"No quieres pastel, recuerda tu propósito".
Cuando esta lucha es estresante, la balanza puede desplazarse hacia el sistema límbico. Esto se llama trampa psicológica y es una de las principales Razones por las que muchas veces tomamos las decisiones que luego tomamos aquellos controlados por el sistema límbico tienden a:

Actuar impulsivamente cuando hay conflictos.
Tomar decisiones basadas en miedo o presión.
Pérdida de confianza social por inestabilidad emocional.
Por otro lado, los líderes que aprenden a equilibrar ambas fuerzas pueden:

Responder en lugar de reaccionar.
inspira confianza y tranquilidad.
Tomar decisiones inteligentes que beneficien al equipo y a la organización.
Un buen liderazgo no significa ignorar ideas;

Cómo ganar tu guerra interior
La buena noticia es que no tienes que ser un esclavo de tus pensamientos ni un robot racional. La clave es entrenar tu cerebro para que ambos sistemas funcionen en armonía.

1. Esté alerta
Mindfulness fortalece la conexión entre la corteza prefrontal y el sistema límbico, permitiéndole gestionar mejor sus acciones. Tómate unos minutos cada día para analizar tus pensamientos y sentimientos sin juzgarlos.

Pagina 64

2. Centro de control

El estrés severo puede aumentar las reacciones del sistema límbico. Cree un ambiente que promueva la calma, como descansos regulares, música relajante e incluso un espacio de trabajo ordenado.

3. Aprenda el autocontrol

Cuando se enfrente a una crisis emocional, trate de respirar profundamente antes de actuar. Respire profundamente y dé tiempo a la corteza para intervenir.

4. Considera tus decisiones

Al final del día, sopesa tus decisiones. ¿Te comportas emocional o intelectualmente? Estos ejercicios pueden ayudarte a reconocer patrones y ampliar tus conocimientos.

Cambia tu vida y tu liderazgo inmediatamente

Tu cerebro tiene dos mejores amigos, pero solo uno debe guiarte en cada situación. Comprender y gestionar la batalla entre el sistema límbico y la corteza cerebral no es sólo una habilidad práctica; Esa es la diferencia entre vivir pasivamente y liderar con un propósito.

Imagina lo que podrías hacer si cada decisión que tomaras estuviera alineada con tus objetivos y creencias, y si pudieras abordar cada problema de manera apropiada y clara. El futuro no es un sueño, sino una posibilidad real.

El verdadero liderazgo comienza dentro de ti, donde los pensamientos y los sentimientos se encuentran.

LAS EMOCIONES Y SU PAPEL EN LA TOMA DE DECISIONES

¿Crees que las decisiones más importantes de tu vida se basan en tu imaginación? Piensa de nuevo. Cada paso que das, cada elección que haces está profundamente influenciado por un motor silencioso pero poderoso: tus emociones.

Durante muchos años hemos creído que el sentido común es la única guía fiable. Se nos dice que las emociones son distracciones que debemos ignorar. Pero es cierto y cambiará para siempre tu forma de ver la toma de decisiones: las emociones no son el enemigo. Ellos inspiran.

En este blog, exploramos cómo las emociones influyen en sus decisiones, por qué las emociones son importantes para lograr sus objetivos y cómo puede utilizar este conocimiento para cambiar su vida e impactar en el mundo.

¿Por qué son importantes las emociones?
Las emociones no son simples reacciones al entorno que nos rodea. Son una brújula interior que te guía a través de la incertidumbre, un radar que detecta oportunidades y amenazas antes de que las notes.

Científicamente, las emociones se originan en el sistema límbico, el área del cerebro responsable de procesar la información emocional y vincularla con recuerdos, experiencias pasadas y expectativas futuras. No sólo te ayuda a sobrevivir, sino que también te ayuda a comprender el mundo.

Datos sorprendentes
El neurocientífico Antonio Damasio descubrió que las personas con partes del cerebro responsables del procesamiento de las emociones afectadas tienen dificultades para tomar decisiones, incluso en tareas simples como elegir entre dos alimentos iguales. Una mente sana y sin emociones está muerta.

El papel de las emociones en la toma de decisiones
Ayudan a establecer prioridades
El sentido común por sí solo no es suficiente en muchas decisiones en la vida moderna. Las emociones te ayudan a determinar qué es importante, analizar la información que te afecta y concentrarte en lo que es realmente importante.

Desarrollan sistemas de alerta temprana
El miedo te protege, la ira te impulsa a la acción y la tristeza controla tu pensamiento. Cada emoción tiene un propósito y comprenderla te permite aprovechar su poder en lugar de controlarlo.

Acción Positiva
¿Recuerdas la última vez que tomaste una decisión audaz? Puede que lo hagas por curiosidad, emoción o incluso un poco de miedo. Sin sentimientos, nada.

La Mente de un Líder

Conectan a las personas
En la vida, tus decisiones afectan más que a ti. Cuando tomas decisiones basadas en sentimientos como la compasión y la empatía, tienes un impacto positivo en quienes te rodean.

El mito de la razón pura
Vivimos en una época que valora la lógica y los datos. Nos enseñan que ser inteligente y ser fuerte son lo mismo. Pero esta creencia pasa por alto algo importante: no somos las máquinas racionales que a veces pensamos, sino seres emocionales y pensantes.

El secreto no está en elegir emociones y pensamientos, sino en combinarlos. La razón es que la corteza prefrontal está estrechamente relacionada con el sistema límbico. Juntos forman un equipo imbatible capaz de tomar decisiones estratégicas inteligentes.

Cómo utilizar tus emociones

1. Comprender tus emociones
El primer paso para comprender tus emociones es comprenderlas. Utilice herramientas como la Rueda de las Emociones de Plutchik para nombrar sus emociones y comprender de dónde vienen.

2. Piensa antes de actuar
Haz una pausa ante una decisión importante. Pregúntate: ¿qué emociones te impulsaron a tomar esa decisión? ¿Es miedo, alegría o desesperación? Comprender tus emociones te da la fuerza para superarlas.

3. Encuentra el equilibrio
No ignores tus sentimientos, pero no dejes que te controlen. Utilice el sentido común para analizar hechos

Pagina 68

y sentimientos a fin de proporcionar contexto y propósito a sus elecciones.

4. Desarrolla la Inteligencia Emocional
La inteligencia emocional no sólo mejora tus relaciones, sino que es la clave para una toma de decisiones eficaz. Aprenda a controlar sus emociones y comprender las emociones de los demás.

El liderazgo y el impacto en el éxito
Los líderes que ignoran las emociones pierden el contacto con sus equipos. Por el contrario, un líder que comprende su papel crea una cultura de confianza, motivación y lealtad. ¿Qué tipo de líder quieres ser?

Tus emociones no son obstáculos, son herramientas para crear una comunidad capaz de canalizar y transformar la realidad. Comprenderlos le permitirá:

Tomar decisiones claras.
Desarrollar confianza y empatía.
Gestionar el caos con claridad y humanidad.
Cambia hoy tu relación con tus emociones
Imagina: cada decisión que tomas en la vida está alineada con tus valores y metas. Cuando las emociones y los pensamientos trabajan juntos, no entran en conflicto entre sí. Si bien esto es posible, no es un sueño lejano;.

EL PAPEL DE LA INTELIGENCIA EMOCIONAL EN EL LIDERAZGO

A lo largo de los años, nos han enseñado que los buenos líderes siempre tienen la razón, muestran autoridad con números, métodos impecables e ideas erróneas. Pero déjame decirte algo: los grandes líderes no sólo son conocidos por su coeficiente intelectual, sino también por su inteligencia emocional (IE).

Esto no es sólo una tendencia o una palabra de moda, es un hecho respaldado científicamente. Si no se ha centrado en su inteligencia emocional, es posible que esté descuidando su herramienta más poderosa para influir, inspirar y dejar una impresión duradera en las personas que dirige.

¿Estás listo para desafiar tus creencias de liderazgo? Veamos cómo la inteligencia emocional lo cambia todo.

¿Qué es la inteligencia emocional y por qué es tan importante?
La inteligencia emocional, término popularizado por Daniel Goleman, se refiere a la capacidad de comprender, gestionar y utilizar mejor las emociones propias y ajenas.

En términos de liderazgo, significa más que ser amable o compasivo. Can:

Conéctate honestamente con tu equipo.
Mejor gestión del estrés y la ansiedad.
Tomas decisiones racionales y honestas.
Cinco componentes críticos de la inteligencia de liderazgo

Pagina 70

Autoconciencia: comprensión de sus emociones y cómo sus emociones influyen en la toma de decisiones.
Autocontrol: Practica tu respuesta para responder, no para actuar.

Motivación Media: Tener una visión clara y motivar a los demás. Inglés Mayor
Compasión: Comprender los sentimientos y perspectivas de los demás.

Habilidades Sociales: Construir relaciones sólidas y resolver conflictos de manera efectiva.
Desmentir creencias comunes: "El liderazgo es subjetivo" Es hora de acabar con los mayores mitos sobre el liderazgo: los hechos y los datos son suficientes.

Un líder puede tener una buena estrategia, pero si no puede conectarse con su equipo, la estrategia fracasará. ¿por qué? Porque la gente no sigue gráficos ni análisis fríos. Las emociones siguen. Siguen a personas que los inspiran y los hacen sentir importantes.

La ciencia detrás de las emociones en el liderazgo
El sistema límbico es el centro emocional de nuestro cerebro y desempeña un papel importante en la forma en que procesamos la información y tomamos decisiones. Las investigaciones muestran que las emociones son el "pegamento" que conecta a las personas, genera confianza y crea compromiso.

Los líderes con alta inteligencia son capaces de encender la fuerza interior de sus equipos y alinear sus ideas con los objetivos de la organización. No es magia; Esto es neurociencia.

Los increíbles beneficios de liderazgo de la inteligencia emocional

Creación de equipos sostenibles
Cuando lideras con inteligencia emocional, puedes ayudar a tu equipo a afrontar el cambio, superar obstáculos y centrarse en las metas, incluso en tiempos de incertidumbre.

Cultivar una cultura de confianza
La compasión y la comunicación abierta hacen que las personas se sientan valoradas, escuchadas y respetadas. Esto mejora la cooperación y reduce el número de empleados.

Resolución eficaz de conflictos
Un líder con IE no le teme al conflicto y lo aborda sabiamente, comprende los problemas básicos y encuentra formas de fortalecer las relaciones.

Desarrollo de la fuerza laboral
Los trabajadores no trabajan por los números; Cuando sienten que sus líderes comprenden sus necesidades y se preocupan por sus vidas, la productividad aumenta.

Llamado a la acción: Elevando su liderazgo a través de la conciencia
¿Se da cuenta de sus poderes? La inteligencia emocional no es algo sofisticado o "extra". Es la base de un buen liderazgo en el siglo XXI

Pero aquí está el problema: la IE no ocurre de la noche a la mañana. Este es el músculo que necesitas entrenar. Es un viaje hacia el autoconocimiento, la conexión auténtica y el control emocional.

Pagina 72

¿Estás listo para dar el primer paso?

Tres acciones para comenzar hoy
Piensa: Tómate 10 minutos al final de cada día para ver cómo puedes cuidar tus pensamientos y los de tu equipo.

Escucha activa: trato de escuchar más que palabras. ¿Qué tipo de actitud muestran las personas que usted dirige?
Aprendizaje y Desarrollo: Invertir en desarrollo personal y profesional. Libros, seminarios, conferencias... Todo incluido.
El futuro del liderazgo aguarda
El mundo no necesita muchos líderes que simplemente den órdenes y hagan cosas. Necesita líderes que inspiren, conecten y eleven a otros.

¿Quieres ser ese líder? Entonces empieza por desarrollar tu inteligencia emocional. Porque el poder que puedes tener en tu equipo, tu comunidad y el mundo es lo mejor que puedes hacer por ti mismo.

No esperes a que te llegue el cambio. Sea el cambio. Alentar. dirigir. Cambia eso.

CÓMO LAS EMOCIONES INFLUYEN EN NUESTRAS ELECCIONES

¿Alguna vez te has preguntado por qué a veces tomas decisiones que parecen contradictorias? Compra cosas que no necesitas, tienes una relación que no te hace feliz o acepta un trabajo que no te conviene. Alerta de spoiler: no eres anónimo. Eres humano. Como todos nosotros, tus decisiones las toma un poderoso aliado (y a veces enemigo): tu mente.

¿Quieres saber cómo funciona este fenómeno y, lo que es más importante, cómo puedes utilizarlo para tomar decisiones que te cambien la vida? Bienvenido a este apasionante mundo donde la ciencia y la lógica se unen para revelar secretos de tu elección.

Desafiemos la creencia: "Tomo decisiones con la cabeza, no con el corazón"
¿Alguna vez te han dicho que la toma de decisiones debe ser justa y razonable? Esta emoción es un obstáculo que debes superar. Bueno, es hora de disipar este mito.

La neurociencia demuestra que sin emociones no podemos tomar decisiones. El neurocientífico Antonio Damasio estudió a pacientes con daño en las áreas del cerebro responsables de las reacciones emocionales. ¿Qué sigue? Pueden analizar datos muy bien, pero no pueden decidir entre dos opciones aparentemente simples.

Pagina 74

Esto significa que nuestras emociones no se limitan al afecto;

Sistema límbico: Tu GPS Emocional
En tu cerebro, el sistema límbico funciona como un centro de mando. Aquí se procesan emociones como el miedo, la alegría, la tristeza y la felicidad. Estas emociones crean señales que tu cerebro utiliza para evaluar el mundo que te rodea y guiar tus elecciones.

Suerte: Cuando algo te hace feliz, puedes elegirlo.
Miedo: Le impide correr riesgos, incluso si los beneficios son buenos.
Ira: Nubla tu juicio y te hace tomar decisiones precipitadas.
El sistema límbico es muy activo. Tanto es así que puede influir en tu decisión antes de que la corteza prefrontal (la parte lógica de tu cerebro) tenga tiempo de intervenir.

El poder de las emociones en las decisiones cotidianas
Considere esto. Cada decisión que tomas, desde qué comer hasta cómo comportarte durante las reuniones importantes, está llena de emoción. Incluso decisiones aparentemente racionales, como invertir, tienen expectativas emocionales: ¿te harán sentir seguro? ¿Te acercará al éxito?

Las emociones son atajos mentales. Sin ellos, cada decisión sería larga y agotadora. Pero aquí está la cuestión: a veces estos atajos pueden llevarte por el camino equivocado.

La ciencia del sesgo emocional
Si bien la emoción es importante, también puede hacer que cometamos errores de juicio. Algunos ejemplos:

La Mente de un Líder

Sesgo de confirmación: buscar información que sea consistente con cómo ya te sientes.

Exceso de confianza: Tener confianza puede hacer que ignores riesgos importantes.

en inglés Miedo al fracaso: Puede desanimarte e impedirte tomar decisiones que cambien tu vida.

Pero no todo está perdido. La clave no es ignorar tus emociones, sino aprender a comprenderlas y controlarlas.

Cómo usar tu mente para tomar decisiones positivas
Presta atención a cómo te sientes: Antes de tomar una decisión, pregúntate: ¿Cómo me siento ahora mismo? Nombrar tus pensamientos puede ayudarte a explicar cómo te afectan.

Mire de cerca: ¿la reacción es temporal o indica algo más profundo? Si no estás tranquilo, espera antes de tomar una decisión.

Pregúntate "el futuro": Imagina cómo te sentirías después de tomar una decisión. Si las ideas son buenas y se ajustan a sus valores, puede que sea la elección correcta.

Integración de pensamientos y sentimientos: No es la eliminación de pensamientos, sino el equilibrio de pensamientos y pensamiento racional. Juntos forman un dúo dinámico para tomar decisiones eficientes.

Una mentalidad sorprendente para decisiones difíciles
Cuando comienzas a comprender y controlar tus pensamientos, sucede algo sorprendente:

Tomas decisiones que están más alineadas con tus metas y creencias.
Te conviertes en un líder eficaz y compasivo.

Pagina 76

Dejas de estar en piloto automático y empiezas a tomar decisiones inteligentes.

Tu siguiente paso: recuperar tu poder de toma de decisiones

Tomas cientos o miles de decisiones cada día. Algunos son pequeños; Algunas personas pueden cambiar tu vida. La pregunta es: ¿tomas tú decisiones o tus pensamientos toman decisiones por ti?

Ahora que conoces el importante papel que juega el corazón, es hora de actuar. respiración. para meditar. Dale a cada opción la opción que se merece.

Porque el poder de cambiar tu vida no se limita a elegir lo "correcto" o lo "incorrecto". Es una elección de sentir con conciencia, propósito y coraje.

No muy lejos de tu mejor tipo. Ésta es una elección.

TÉCNICAS PARA REGULAR EMOCIONES BAJO PRESIÓN

El Maestro de Tus Reacciones

¿Alguna vez has sentido que estabas a punto de sufrir un infarto ante una situación estresante? Pierdes el control de tus emociones, te tiemblan las manos, tus pensamientos se vuelven oscuros y tus palabras parecen ahogarse en un mar de ansiedad.

El estrés puede sacar a relucir lo bueno o lo malo de nosotros, y no es la situación en sí la que marca la diferencia, sino lo que hacemos. Esta es la verdad: la clave del éxito en los momentos críticos no es evitar las emociones, sino aprender a gestionarlas en beneficio propio.

Hoy vamos a desacreditar el mito de que las emociones interfieren en la toma de decisiones bajo estrés y le mostraremos cómo convertir las emociones en herramientas muy buenas. Esté preparado, porque estos consejos no sólo cambiarán su carrera, sino que también cambiarán su vida.

Desafiemos la creencia: "El estrés saca lo peor de nosotros"
La mayoría de la gente cree que el estrés nos hace pensar y sentirnos mal. Pero esto es sólo un mito. El estrés no te define; El estrés no te definirá. ¿Por qué, por qué?

La neurociencia ha descubierto algo sorprendente: cuando está estresado, el cerebro activa dos sistemas principales:

El sistema límbico, que controla nuestras respuestas emocionales (como el miedo o la ira).
Preescolar, responsable del pensamiento lógico y el autocontrol.
Cuando estás estresado, tu sistema límbico toma el control y te agitas. Pero aquí está el truco: mediante el ejercicio, puedes fortalecer tu corteza prefrontal y recuperar el control.

Pagina 78

El Control de la Regulación Emocional

Controlar las emociones no significa reprimirlas. Significa conocerlos, comprender lo que dicen y responder, no ignorarlos. Es como aprender a surfear sin dejar que eso te lleve.

Si posees estas habilidades podrás:

Tomar decisiones más claras y efectivas, incluso cuando te enfrentes a problemas.
Mantener la salud profesional y las relaciones personales. Aumenta tu resiliencia y reduce el impacto del estrés en tu salud. Capítulo
¿Estás listo para comenzar? Estas son las técnicas que necesitas para gestionar tus emociones cuando estás estresado.

1. Respiración: tu primera línea de defensa

Cuando el estrés aumenta, tu respiración se vuelve más rápida y envía señales de estrés a tu cerebro. Detén el ciclo con este sencillo pero poderoso truco:

Cómo hacerlo:
En lo profundo de tu nariz durante 4 segundos.
Aguanta la respiración durante 4 segundos.
Abre la boca lentamente durante 6-8 segundos.
Por qué funciona: Activa tu sistema nervioso parasimpático, que es responsable de calmarte. En cuestión de minutos, sentirás una nueva sensación de claridad.

2. Etiqueta de emoción: Nombra al Maestro

Durante tiempos estresantes, tus emociones pueden sentirse como un torbellino incontrolable. Aquí es donde entran en juego las señales emocionales.

Cómo hacerlo:
Cuando sientas una emoción fuerte, di en voz alta (o en silencio): "Esto es _____ (miedo, tristeza, ansiedad, etc.)".

Por qué funciona: las investigaciones muestran que nombrar emocionalmente puede ayudar a activar la corteza prefrontal para reducir el estrés. Es como encender una bombilla en una habitación oscura; De repente todo se vuelve más manejable.

3. Rejuvenecimiento mental: cambia la superficie, cambia el mundo
El estrés no es malo; Puede que esto nos confunda. La reestructuración cognitiva está cambiando la forma de interpretar una situación.

Cómo hacerlo:
Pregúntate:

¿Qué oportunidades me brinda este desafío?
¿Qué es lo peor que puede pasar? Capítulo
Independientemente del resultado, ¿qué puedo aprender?
Qué hace: este ejercicio activa partes del cerebro asociadas con el pensamiento positivo y reduce las respuestas al estrés.

4. La Conexión con el Cuerpo: Archivo en el Presente
Bajo estrés, la mente recurre a un evento trágico, para repetir los errores del pasado. Volviendo a esta época puedes hacerlo desde un solo lugar.

Cómo hacerlo:
Prueba la técnica "5-4-3-2-1":

Pagina 80

Encuentra hasta 5 cosas que puedas encontrar.
Nombra 4 cosas que puedas tocar.
Escucha tres sonidos a tu alrededor.
Notas 2 Besa el olor.
Respira profundamente 1 vez.
Por qué funciona: Mantiene tu mente en el momento y te mantiene alejado del estrés emocional.

5. Aprenda la autoestima: sea su amigo
Si comete un error bajo presión, es fácil castigarse con pensamientos negativos. En lugar de eso, elige amarte a ti mismo.

Cómo hacerlo:
Acepta tus pensamientos: "Esto es difícil, pero puedo hacerlo".
Dígale a un amigo: "Está bien equivocarse"; Es importante aprender de eso".
Por qué funciona: El amor propio reduce los niveles de cortisol (hormona del estrés) y aumenta la resiliencia.

Conclusión: Puedes y estarás listo para enfrentar cualquier cosa
Cuando aprendes a controlar tus emociones bajo presión, no significa que puedas manejar más problemas. Serás alguien que inspira confianza, lidera con calma, toma decisiones claras y racionales.

¿Te imaginas el impacto que tendría en tu vida personal, carrera y relaciones?

El conocimiento no es lo único que hay en la caja. Este es un llamado a la acción. A partir de hoy, cuando te sientas más estresado, detente, respira y utiliza estas técnicas.

Pon el estrés en tu pareja y haz que trabaje para ti, no para ti.

Porque la vida no se trata de esconderse de la tormenta, sino de aprender a capearla con coraje y fuerza. Entonces estás listo.

El poder de la esperanza en el ojo del huracán
¿Alguna vez has sentido ansiedad cuando estás estresado? ¿Te gustaría poder mantener la calma cuando todo a tu alrededor parece desmoronarse? Déjame decirte algo: el problema no es el estrés en sí, sino cómo lo afrontas.

En un mundo lleno de plazos, expectativas y desafíos constantes, aprender a controlar tus emociones no es un lujo, sino una habilidad esencial. Es la diferencia entre confiar en el liderazgo y ser cauteloso, entre avanzar hacia una meta y sentirse paralizado.

Hoy te hablaré de técnicas científicas que te ayudarán a controlar tus emociones en los momentos más importantes y cómo puedes convertir el estrés en tu amigo más fuerte.

Adivinemos el cuento: "La ansiedad me controla"
Mucha gente cree que la ansiedad es nuestro enemigo, un monstruo que no puede controlar nuestras vidas. Pero la verdad es; El estrés es sólo un mensaje de tu cerebro. Esta es tu alarma interna que te dice que algo necesita tu atención.

El verdadero problema no es la ansiedad, sino cómo te ves y cómo actúas. Puedes dejar que te consuma o aprender a guiarlo para tomar mejores decisiones.

¿Qué le pasa a tu cerebro cuando estás estresado?
Cuando estás estresado, tu cerebro entra en modo de lucha o huida. El sistema límbico, concretamente la amígdala, envía señales de alarma que desencadenan emociones como el miedo, la ansiedad o la depresión. Esto ayuda a reaccionar rápidamente en situaciones reales, pero en el mundo actual este proceso suele ser hiperactivo.

¿Cuál es el resultado? Pierdes el poder de tu corteza prefrontal, la parte del cerebro responsable de la toma de decisiones, la planificación y la creatividad. Es como intentar conducir un Ferrari con el freno de mano puesto.

Pero no te preocupes: con las ideas correctas, puedes recuperar el control y convertir tus emociones fuertes en herramientas para seguir adelante.

Gestión de energía para la gestión del estrés en estrés
1. Respira para recuperar el control
Recuerda que la respiración es una de las herramientas más poderosas para calmar la mente. Pruebe esto:

4-4-8 Respiración: Inhale durante 4 segundos, sostenga durante 4 segundos, exhale lentamente durante 8 segundos.
Esto activa tu sistema parasimpático, llamado "freno" del estrés, para ayudarte a recuperarte.
2. Practica la felicidad
Elige una imagen, recuerdo o expresión que te traiga paz y confianza. Cuando te sientas ansioso, cierra los ojos y

trae esa imagen a tu mente. Esta es una forma de recordarle a su cerebro que el estrés no dura para siempre y que ya ha enfrentado problemas antes.

3. Redirige tu pensamiento a través de la reestructuración cognitiva
La reestructuración cognitiva cambiará la forma en que interpretas una situación.

En lugar de pensar: "Esto es un desastre y no puedo hacerlo". respuesta emocional.

4. Utiliza imágenes positivas
Cierra los ojos e imagina el mejor resultado posible de la situación que estás enfrentando. Mira todo en detalle: cómo piensas, cómo actúas, cómo logras tus objetivos. Esto no sólo te hace sentir bien, sino que también entrena tu cerebro para encontrar soluciones en lugar de centrarse en los problemas.

5. Conectando con tu cuerpo
El estrés causa estrés físico. Practica técnicas como la conciencia corporal o el estiramiento consciente para liberar energía. Por ejemplo, presta atención a tus hombros, mandíbula o manos: ¿están tensos? Haga un esfuerzo para hacerlos más fáciles.

Secretos de líderes resilientes
Los grandes líderes no son inmunes al estrés. La diferencia es que saben cómo controlarlo. Desarrollan sus habilidades para mantener la calma, pensar con claridad y tomar las decisiones correctas incluso en las situaciones más difíciles.

¿Sabías que algunos de los líderes más exitosos, desde deportistas olímpicos hasta directores ejecutivos de grandes empresas, utilizan estas estrategias? Las investigaciones respaldan sus beneficios y usted también puede beneficiarse de ellos.

Por qué controlar tu comportamiento bajo estrés puede cambiar tu vida.

Cuando aprendas a controlar tu comportamiento:

Tomarás mejores decisiones: No más distracciones de las que luego te arrepentirás.
Fortalecerás tus relaciones: Podrás comunicarte abierta y dispuestamente incluso en momentos difíciles.
Tu confianza en ti mismo aumentará: Saber que puedes controlar cada situación te dará un poder único.
Serás un modelo a seguir: Tus acciones inspirarán a otros a encontrar la paz en medio del caos.
Lo estás haciendo ahora
El estrés y la presión no desaparecen. Pero eso no es malo. Lo que importa es cómo decides conocerlos. ¿Serás el controlador de tus pensamientos o serás el amo de tus pensamientos?

El cambio comienza aquí y ahora. Practica estas habilidades. Aplícalos a tu vida diaria. Porque cuando controlas tus pensamientos, no sólo cambias tu vida, sino que también inspiras a otros a hacer lo mismo.

Recuerda: La paz no es la ausencia de violencia, sino tu capacidad para controlar la violencia.

¿Estás listo para tomar el control y convertirte en la mejor versión de ti mismo? ¡Ahora es el momento!

NEUROPLASTICIDAD: CÓMO TRANSFORMAR TU MENTE PARA LIDERAR MEJOR

¿Alguna vez ha sentido que sus habilidades de liderazgo están limitadas debido a su personalidad, educación o incluso edad? ¿Crees que los grandes líderes nacen, no se hacen? ¡Es hora de destruir este mito!

La ciencia demuestra que tu cerebro puede cambiar y cambiar a lo largo de tu vida. Esta notable capacidad se llama neuroplasticidad, y lo que revela es nada menos que un cambio en la forma en que entendemos el liderazgo. Sí, puedes entrenar tu cerebro para que sea un líder eficaz, inspirador y con los pies en la tierra. No importa en qué etapa de su carrera se encuentre o cómo se sienta ahora, su mente se está moviendo y ahora es el momento de aprovechar su poder para transformar su liderazgo.

El cerebro: una máquina para el cambio
Durante muchos años, el cerebro fue visto como una estructura fija que comenzó temprano en la vida y luego se volvió fija, incapaz de cambiar. Pero la neurociencia anula esta creencia. Tu cerebro es como un músculo: cuanto más lo entrenas, más fuerte y más rápido se vuelve.

La neuroplasticidad es la capacidad del cerebro para reorganizarse y crear nuevas conexiones neuronales basadas en la experiencia, el aprendizaje e incluso los cambios ambientales. Esto significa que puedes cambiar tu cerebro para mejorar otras habilidades, como el liderazgo.

¿Qué significa eso para usted como líder?
Puedes cambiar de opinión. Si alguna vez pensó que era demasiado "impulsivo" o "demasiado popular" para ser un buen líder, la neuroplasticidad ofrece una salida. Puedes entrenar tu cerebro para tomar decisiones más tranquilas, ser más compasivo y mejorar tu resiliencia ante la adversidad.

Podrás aprender a lidiar con el estrés y la ansiedad. Los líderes a menudo enfrentan serios desafíos. La buena noticia es que el cerebro puede aprender a controlar las emociones que surgen durante situaciones estresantes. Al entrenar tu cerebro, puedes aprender a mantener la calma, tomar mejores decisiones y ser un modelo positivo para tu equipo.

Puedes fomentar la creatividad y la innovación. Hoy en día, la tecnología es la clave del éxito. Si alguna vez sentiste que no eras una "persona creativa", la neuroplasticidad te enseña que todos tenemos la capacidad de innovar. Sólo necesitas ejercitar y alimentar las áreas de tu cerebro que se encargan de crear cosas.

Puedes mejorar tus habilidades comunicativas. Los grandes líderes saben comunicarse bien. La neurociencia muestra que practicar habilidades de comunicación mejora las conexiones neuronales con la empatía y la confianza, habilidades importantes para cualquier líder.

Pagina 88

El poder de remodelar tu mente: 4 formas de ayudar al liderazgo

1. Repetición cognitiva: el secreto del dominio
La neuroplasticidad se activa principalmente a través de la repetición. Cuanto más practicas, más conexiones neuronales se desarrollan y la habilidad se vuelve más fácil. Como líder, puedes utilizar esto para desarrollar nuevas soluciones creativas o desarrollar tus propias habilidades intelectuales. Por ejemplo, practicar la toma rápida de decisiones en situaciones estresantes fortalece la parte del cerebro que necesita reaccionar rápida y eficientemente.

2. Meditación y meditación: El poder de la imaginación
Se ha demostrado científicamente que la práctica diaria de meditación o meditación aumenta la capacidad del cerebro para adaptarse al cambio. Esto no sólo mejora tu salud mental, sino que también aumenta la actividad en áreas del cerebro relacionadas con la empatía, la toma de decisiones y la regulación emocional. Como líder, entrenar tu mente para permanecer en el momento presente sin quedar atrapado en el estrés o la frustración te permitirá tomar decisiones más sabias y ser un faro de calma para tu equipo.

3. Aprendizaje continuo: la clave de la evolución
La neuroplasticidad también está estrechamente relacionada con el aprendizaje continuo. Cada vez que aprendes algo nuevo, tu cerebro crea nuevas conexiones. Líderes que nunca dejan de aprender, se mantienen al día con las últimas tendencias de la industria, las mejores prácticas y las nuevas herramientas de liderazgo, fortalecen su mentalidad y son capaces de adaptarse y cambiar. No dejes de crecer.

4. Retos emocionales y psicológicos: motores del cambio
Salir de tu zona de confort es una de las mejores formas de promover la neuroplasticidad. Enfrentar nuevos desafíos, superar obstáculos difíciles y aprender a lidiar con conflictos de manera efectiva despierta partes de tu cerebro que no sabías que tenías. Los grandes líderes no rehuyen los desafíos;

Los sorprendentes beneficios de llevar la neuroplasticidad al liderazgo

Lo que la mayoría de la gente no entiende es que la neuroplasticidad no sólo mejora el aprendizaje, sino que también puede cambiar la forma de ver el mundo. Como líder, te hace flexible, flexible y, lo más importante, comprensivo de las necesidades de tu equipo.

Mejor toma de decisiones: entrenar su cerebro para pensar mejor bajo presión aumenta su capacidad para tomar mejores decisiones.

Reducir el estrés: cuando aprendes a controlar tus emociones y ves los desafíos como oportunidades de crecimiento, el estrés se convierte en un amigo, no en un enemigo.

Tenga una profunda empatía y conexión con sus equipos: los líderes neuroplásticos saben cómo conectarse con sus equipos, comprender sus necesidades y responder con empatía.

Naturaleza e innovación: un cerebro entrenado para pensar fuera de lo común tiene la capacidad de encontrar nuevas soluciones y adaptarse rápidamente al cambio.

Pagina 90

¡Es hora de cambiar tu liderazgo!

El futuro del liderazgo no está predeterminado, está en tus manos. Tu mente tiene la capacidad de cambiar y adaptarse a los desafíos del siglo XXI. La neuroplasticidad es la clave para desbloquear todo el potencial de un líder.

No te conformes con ser un líder promedio. ¡Sé el líder que inspira, que crea, que transforma! El mundo necesita líderes que comprendan que el cambio empieza en la mente. ¿Estás listo para cambiar la tuya?

¿QUÉ ES LA NEUROPLASTICIDAD Y POR QUÉ IMPORTA?

Imagínese que pudiera rediseñar su cerebro para volverse más inteligente, más fuerte, más creativo y capaz de alcanzar metas que nunca imaginó posibles. ¿Te suena esto a ciencia ficción? Pero ese no es el caso. Ésta es la promesa de la neuroplasticidad, y la mejor parte: ¡es totalmente cierta!

La neuroplasticidad es el asombroso poder del cerebro para reorganizarse, adaptarse y establecer nuevas conexiones a lo largo de la vida. Ya no estamos atados a las estructuras fijas que creemos que definen nuestro destino espiritual. Puedes cambiar tus pensamientos y, por tanto, tu vida.

Si alguna vez creíste que tus habilidades estaban predeterminadas, que tu personalidad o inteligencia estaban fijadas, es hora de romper con estos mitos. La neuroplasticidad desafía todo lo que creías saber sobre el cerebro. Este concepto de transformación nos dice que puedes ajustar tu forma de pensar para convertirte en la mejor versión de ti mismo.

La Revolución de la Neuroplasticidad: Cambia tu cerebro, cambia tu vida
La Neuroplasticidad nos dice un hecho claro: nuestros cerebros no son una estructura fija, sino que están en constante cambio, incluso al final de nuestras vidas. Esto no sucede sólo cuando somos niños, el cerebro adulto tiene la capacidad de restablecerse y crecer cada vez que

Pagina 92

aprendemos algo nuevo o enfrentamos una experiencia desafiante.

Pero aquí está la sorpresa: ¡puedes utilizar la neuroplasticidad para moldear activamente la persona que quieres ser! ¿Le gustaría ser más resiliente en tiempos difíciles, más creativo cuando se enfrenta a desafíos difíciles o más empático y conectado con los demás? La neuroplasticidad lo hace posible. Así como tus músculos se fortalecen cuando haces ejercicio, tu cerebro responde a medida que practicas y aprendes.

¿Por qué la neuroplasticidad es la clave para un liderazgo eficaz?
Vivimos en un mundo que está cambiando más rápido que nunca. La adaptabilidad es la diferencia entre el éxito y el fracaso. En este caso, los líderes que comprenden y aprovechan la neuroplasticidad están un paso por delante. ¿para? Porque saben que el cambio no sólo es posible, sino también deseable y necesario.

Imagínese ser un líder que no maneja la presión fácilmente, pero al mismo tiempo inspira a su equipo a innovar, pensar fuera de lo común y lograr resultados extraordinarios. Puedes lograr esto cuando entrenas tu mente para que sea flexible y fuerte.

No es sólo un juego de palabras La neuroplasticidad activa partes del cerebro para la creatividad, la toma eficaz de decisiones y la resolución de problemas. Los líderes que entienden y aplican esto pueden tomar decisiones más rápido, construir relaciones más profundas con sus equipos y, lo más importante, liderar con visión y propósito.

Los asombrosos beneficios de la neuroplasticidad

La neuroplasticidad no solo te brinda ventajas cognitivas, sino que también afecta aspectos más profundos de tu vida, como tu estado de ánimo, tus relaciones y tu salud. A continuación te presentamos algunos beneficios sorprendentes de esta maravilla científica:

Mejor resiliencia emocional.
En lugar de reaccionar ante situaciones difíciles con pánico o desesperación, puedes entrenar tu mente para mantener la calma y pensar con claridad en medio del caos. Los líderes que utilizan estas habilidades son más eficaces en tiempos de incertidumbre.

Habilidades agregadas.
La neuroplasticidad te permite crear nuevas conexiones neuronales, lo que significa poder encontrar nuevas soluciones a los problemas. Si alguna vez sentiste que la creatividad no era lo tuyo, es hora de cambiar esa creencia.

Mejora de la toma de decisiones.
Una mente racional puede evaluar eficazmente opciones y tomar decisiones mejores y más rápidas. No más decisiones confusas. Entrenar su mente le permitirá evaluar el riesgo con mayor precisión.

Fortalecer las relaciones entre las personas.
La neuroplasticidad puede potenciar tu inteligencia emocional. Al activar las áreas de tu cerebro asociadas con la empatía, podrás conectarte con otros, formar equipos más fuertes y convertirte en un líder verdaderamente inspirador.

Reducir el estrés y la tensión.

Una mente entrenada puede aprender a controlar las emociones y reducir los efectos negativos del estrés. La neuroplasticidad puede cambiar su relación con el estrés, ayudándolo a mantener la calma y la claridad incluso en los momentos más difíciles.

Cómo iniciar la neuroplasticidad hoy
Lo mejor de todo es que no es necesario ser un genio ni pasar años estudiando para desbloquear la neuroplasticidad en su vida. Con una práctica constante, puedes hacer que tu mente sea más activa, compasiva y fuerte. A continuación se detallan algunos pasos clave para comenzar a aprovechar este poder:

Ejercita tu mente.
Como cualquier músculo, tu mente necesita ejercicio. Aprender cosas nuevas, resolver acertijos, leer libros desafiantes o practicar nuevas habilidades son excelentes formas de desbloquear la neuroplasticidad.

Meditación y Conciencia.
Estos ejercicios fortalecen las conexiones neuronales relacionadas con la regulación de las emociones y la atención. Pueden ayudarle a estar mejor preparado y tomar decisiones más informadas.

Rompe tu hábito.
Haz algo que normalmente no harías: prueba una nueva forma de resolver un problema o cambia la forma en que lo haces habitualmente. Esto obliga a tu forma de pensar a cambiar y hacer nuevas conexiones.

Aprende del fracaso.
El fracaso es una oportunidad para cambiar tu forma de pensar. Cuando te enfrentes a un desafío, en lugar de

desanimarte, piensa en las nuevas conexiones neuronales que puedes establecer a partir de la experiencia.

Rodéate de personas que te impulsen hacia adelante. Mejorar las relaciones y fomentar discusiones y desacuerdos saludables es una excelente manera de crear la zona psicológica asociada con la empatía, la creatividad y la resolución de problemas.

ENTRENAMIENTO CEREBRAL PARA DESARROLLAR NUEVAS HABILIDADES

¡Rompe los Límites de tu Mente y Desata tu Potencial!

¿Qué pasaría si te dijera que tienes la capacidad de reconfigurar tu cerebro para aprender cualquier habilidad, sin importar lo difícil que sea? ¿Te atreves a creer que puedes aprender nuevas habilidades, mejorar tu desempeño y superar los límites de lo que creías posible?

¡Es hora de desafiar las creencias limitantes!

El cerebro humano es más poderoso de lo que piensas. Con el entrenamiento cerebral, no sólo desarrollarás nuevas habilidades, sino que también revolucionarás tu vida. Ya sea que quieras aprender un nuevo idioma, aprender un instrumento, mejorar tus habilidades de liderazgo o incluso llevar tu creatividad a niveles inimaginables, tu cerebro tiene la capacidad de adaptarse, cambiar y evolucionar. Lo principal es aprender a utilizar este poder.

Hoy te mostraré cómo el entrenamiento cerebral puede ser la herramienta secreta para desbloquear habilidades que nunca pensaste que podrías desarrollar. Lo mejor de todo: ¡puedes empezar ahora!

El poder de la neuroplasticidad: el secreto para cambiar de opinión
¿Sabías que tu cerebro no es un objeto fijo, sino un órgano dinámico que cambia constantemente? Este fenómeno se llama neuroplasticidad y le permite al cerebro aprender, crecer y adquirir nuevas habilidades.

Durante muchos años se pensó que a medida que envejecemos, nuestro cerebro deja de desarrollarse. ¡Pero esto es un mito! La neuroplasticidad sugiere que podemos seguir desarrollando nuevas conexiones y habilidades a lo largo de nuestra vida. Cada vez que aprendes algo nuevo, tu cerebro se reorganiza y crea nuevas vías neuronales, creando habilidades que antes parecían imposibles de lograr.

Por ejemplo, ¿quieres mejorar tu capacidad para tomar decisiones rápidas bajo presión? Tu cerebro es capaz de hacer esto, pero necesita entrenamiento. ¿Buscas desarrollar tus habilidades creativas o empresariales? ¡Es absolutamente posible! El secreto es cómo desafiar y entrenar tu cerebro para que cambie y crezca.

¿Cómo funciona el ejercicio cerebral?
El entrenamiento cerebral no es mágico. Esto es ciencia pura. Así como entrenamos nuestros músculos para que crezcan y se fortalezcan, entrenar nuestro cerebro implica hábitos, repeticiones y actividades estimulantes para cambiar y aprender el cerebro. Pero no se trata sólo de aprender algo: se trata de aprender cómo maximizar las ganancias.

A continuación se muestran algunas formas en que el entrenamiento cerebral puede ayudarle a desarrollar nuevas habilidades:

1. Desafía tu cerebro con nuevas experiencias.
La clave para el crecimiento cerebral es salir de tu zona de confort. Si sigues haciendo lo mismo, tu cerebro eventualmente seguirá el mismo patrón. Pero cuando te enfrentas a un nuevo desafío, como aprender algo nuevo o resolver un problema complejo, activas partes de tu

Pagina 98

cerebro que no se utilizaban antes. Crea nuevas conexiones neuronales que mejoran tu capacidad de aprender y adaptarse.

Por ejemplo, si decides aprender a tocar un instrumento, tu cerebro desarrolla nuevas vías neuronales para coordinar tus manos, interpretar música y comprender sonidos y notas. Aunque pueda parecer difícil al principio, con la práctica regular los vínculos se fortalecerán y tus habilidades mejorarán rápidamente.

2. Acción deliberada: no basta con hacerlo, hay que hacerlo con regularidad.
La discusión es una de las formas más efectivas de desarrollar nuevas habilidades. Se centra en determinadas áreas que necesitan mejorar e invierte tiempo y esfuerzo en mejorarlas. Si hace algo sin una observación cuidadosa, no logrará mucho éxito. Pero si te mueves con una intención clara y una retroalimentación constante, tu cerebro se adaptará rápidamente a medida que te involucras en el proceso de aprendizaje.

3. Repetición: Ejercita tu cerebro a través de la repetición.
El cerebro requiere repetición constante para fortalecer nuevas conexiones neuronales. Es como cuando haces ejercicio en el gimnasio: tus músculos están débiles al principio, pero con el tiempo y las repeticiones se fortalecen. Lo mismo ocurre con las habilidades cognitivas como la toma de decisiones, la resolución de problemas o el aprendizaje de idiomas.

Cada vez que practicas una habilidad, como un nuevo idioma o una habilidad artística, tu cerebro fortalece las conexiones asociadas con ese proceso. Cuanto más repitas esto, más fácil te resultará actuar o tomar decisiones sin pensar demasiado. Con el tiempo, las nuevas habilidades se convierten en algo natural.

4. Visualización: entrena tu mente para el éxito.
La visualización es una poderosa técnica utilizada por atletas y profesionales de alto rendimiento para mejorar sus habilidades. Al diseñar una nueva habilidad en tu cerebro, activas la parte de tu cerebro que usas para realizarla. Esto permite que su cerebro funcione mejor en el mundo real.

Por ejemplo, un líder que visualiza cada paso de una presentación exitosa puede entrenar su cerebro para mejorar las habilidades de comunicación, reducir el nerviosismo y aumentar la confianza en sí mismo. La visualización es un ejercicio mental que acelera el proceso de aprendizaje y te acerca a la comprensión.

Beneficios sorprendentes del Brain Training
No se trata sólo de aprender nuevas habilidades. El entrenamiento cerebral tiene los siguientes beneficios:

Mayor concentración y eficiencia. Al entrenar su cerebro para concentrarse en una tarea específica, puede mejorar su capacidad de concentración y, por lo tanto, ser más productivo.

Inicializar memoria. Los ejercicios mentales regulares ayudan a fortalecer la memoria a corto y largo plazo y le permiten recordar información importante de forma rápida y eficaz.

Reducir el estrés y la ansiedad. Prácticas como la meditación y la atención plena pueden entrenar su cerebro para regular sus emociones y facilitarle el manejo del estrés.

Desarrollo de la creatividad. Al desafiar a su cerebro a pensar de nuevas maneras, abre la puerta a una creatividad infinita, lo que le permite abordar problemas y desafíos desde una nueva perspectiva.

LA MENTALIDAD DE CRECIMIENTO APLICADA AL LIDERAZGO.

Transforma tu Potencial y el de tu Equipo

¿Alguna vez te has preguntado qué separa a los grandes líderes de los mediocres? ¿Qué tienen en común las personas que siempre van un paso por delante, se adaptan rápidamente a los cambios, superan obstáculos y llevan a sus equipos al éxito? La respuesta está en una mentalidad simple pero poderosa: el crecimiento.

Si todavía piensas que el talento y el liderazgo son cualidades naturales, es hora de reconsiderar esa creencia. La ciencia detrás de una mentalidad de crecimiento muestra que el verdadero liderazgo no se basa en habilidades específicas, sino en la creencia de que siempre se puede aprender, adaptarse y cambiar. Esta actitud cambia todo lo que sabes sobre lo que significa ser un líder.

¿Qué significa perspectiva de crecimiento?
El término mentalidad de crecimiento fue popularizado por la psicóloga Carol Dweck. Demostró que las personas que creen que sus habilidades y capacidades pueden desarrollarse mediante el esfuerzo, la perseverancia y el aprendizaje tienen más éxito que aquellas que creen que sus talentos son fijos e inmutables.

Los líderes con mentalidad de crecimiento entienden que el fracaso no es el final, sino una oportunidad para aprender y crecer. Esta actitud les anima a ver cada desafío como un paso hacia el éxito y no como un obstáculo insuperable. Y lo mejor: puedes aplicar estas ideas en cualquier momento de tu vida.

En el contexto del liderazgo, una mentalidad de crecimiento significa creer que, como líder, siempre hay algo nuevo que aprender, siempre hay una manera de mejorar su estrategia, comunicación, influencia y capacidad para motivar a un equipo. ¡Y ese es el primer paso para un cambio real!

¿Por qué es importante una mentalidad de crecimiento para un liderazgo exitoso?
1. Los líderes orientados al crecimiento son más adaptables
En un mundo que cambia a la velocidad de la luz, la capacidad de adaptarse rápidamente es la clave del éxito. Los líderes tradicionales que tienen una mentalidad fija ven el cambio como una amenaza. Los líderes orientados al crecimiento, por otro lado, ven esto como una oportunidad.

Cuando un líder tiene una mentalidad de crecimiento, lo motivan los desafíos, no la intimidación. Esto les permite liderar con agilidad, gestionar las crisis con eficacia y aprovechar nuevas oportunidades antes que los demás. En lugar de resistirse a la innovación, aceptan el cambio como una forma de mejorar ellos mismos y sus equipos.

Este tipo de pensamiento convierte a los buenos líderes en grandes líderes. Aquellos que entienden que el aprendizaje nunca termina y que siempre hay espacio para crecer se convierten en modelos a seguir para su equipo. No importa cuántos años lleves liderando,

La Mente de un Líder

siempre habrá algo nuevo que aprender que te llevará al siguiente nivel.

2. La mentalidad de crecimiento impulsa la resiliencia
La resiliencia es una de las cualidades más importantes de un buen líder. Los líderes con una mentalidad fija a menudo toman el fracaso como algo personal: "No soy bueno en esto" o "No nací para hacer esto", pero los líderes con una mentalidad de crecimiento ven el fracaso como una lección. Saben que cada caída es una oportunidad para despertar fuerte.

Los líderes fuertes no se dan por vencidos en situaciones difíciles. En lugar de darse por vencido o tener miedo al fracaso, busque formas de mejorar. La resiliencia es lo que permite a los grandes líderes mantener la calma bajo presión y llevar a sus equipos a soluciones efectivas.

El mundo está lleno de incertidumbre. Los líderes que adoptan una mentalidad de crecimiento prosperarán en tiempos difíciles porque ven los problemas como oportunidades para aprender y crecer.

3. Los líderes con mentalidad de crecimiento motivan a sus equipos a crecer
Los líderes con mentalidad de crecimiento no sólo se preocupan por su propio crecimiento, sino que también motivan a sus equipos a hacer lo mismo. El verdadero liderazgo no se trata de ser el mejor, sino de animar a los demás y construir una cultura de crecimiento dentro del equipo.

Cuando un líder cultiva un ambiente donde el aprendizaje continuo es un hecho, los miembros del equipo se sienten capacitados para asumir nuevos desafíos y desarrollar sus

Pagina 104

habilidades. Esto no sólo aumenta la productividad y el rendimiento, sino que también fortalece la lealtad y satisfacción de los empleados.

Además, los líderes con una mentalidad de crecimiento fomentan la colaboración y el trabajo en equipo, entendiendo que el aprendizaje compartido crea una cultura de apoyo y crecimiento mutuos.

4. La mentalidad de crecimiento impulsa la innovación
La innovación es una cualidad importante de cualquier líder que quiera no sólo sobrevivir sino también prosperar. Los líderes de mentalidad fuerte tienden a apegarse a los métodos tradicionales y temen el riesgo. Por el contrario, los líderes con mentalidad de crecimiento buscan constantemente nuevas formas de hacer las cosas.

La creatividad no es sólo pensar en nuevas ideas, sino también la voluntad de fracasar y aprender de esos fracasos. Con una mentalidad de crecimiento, los líderes tienen la capacidad de realizar cambios, probar nuevas estrategias y encontrar soluciones innovadoras a problemas más complejos.

¿Cómo implementar una mentalidad de crecimiento en tu liderazgo?
Aquí hay algunos pasos prácticos para comenzar a adoptar una mentalidad de crecimiento en su estilo de liderazgo:

1. Acepte los desafíos
Una mentalidad de crecimiento está impulsada por los desafíos. No busques consuelo; Busque oportunidades

para crecer. Asume los proyectos más difíciles y sé un ejemplo de perseverancia para tu equipo.

2. Aprender del fracaso
El fracaso no es el enemigo. Él es un maestro. Cuando las cosas no salen como quieres, en lugar de rendirte o castigarte, pregúntate: ¿Qué puedo aprender de esto? ¿Qué partes del proceso puedo mejorar?

3. Fomenta el aprendizaje continuo
Invierte en ti y en tu equipo. Aprenda nuevas habilidades, actualícelas y busque siempre oportunidades para ampliar sus conocimientos y habilidades. Recuerda que el aprendizaje nunca termina.

4. Promover el progreso, no la perfección
El progreso, no la perfección, es el sello distintivo del liderazgo y la visión. Celebre cada avance, cada logro, por pequeño que sea. Este proceso aporta la motivación y energía necesarias para seguir creciendo.

5. Cultivar una cultura de crecimiento
Como líder, tienes la capacidad de inculcar una cultura de crecimiento en tu equipo. Fomenta el aprendizaje continuo, la colaboración y la creatividad. Acepte el fracaso como parte del proceso creativo y anime a todos a aprender y mejorar continuamente.

Es hora de cambiar tu liderazgo
Una mentalidad de crecimiento es más que una estrategia; Es una forma de vida y de entrenamiento. Los grandes líderes no nacen con un don, pero son capaces de crecer, aprender y mejorar cada día.

Es hora de dejar de lado las creencias que te impiden alcanzar tu potencial. Una mentalidad de crecimiento es el camino para convertirse en un líder eficaz, inteligente y resiliente.

Si quieres ser el líder que siempre quisiste ser: alguien que inspira a su equipo a alcanzar nuevas alturas, enfrenta los desafíos con valentía y siempre busca el cambio, entonces toma medidas ahora. ¡Hazlo ahora! No te detengas por nada. ¡El futuro del liderazgo está en tus manos!

TOMA DE DECISIONES EN ESCENARIOS DE INCERTIDUMBRE

El Poder de Decidir con Confianza en el Caos

Imagínese esto: se enfrenta a una coyuntura crítica; Un momento en el que cada decisión tiene el poder de cambiar el futuro, pero no tienes toda la información. No tienes todas las respuestas. El futuro parece complicado, el peligro es incierto y el camino por delante está nublado. Te sientes atrapado por el miedo al fracaso y la presión de actuar con rapidez.

¿Qué harías en esta situación?

Si eres como la mayoría de las personas, probablemente estés paralizado. La incertidumbre es peligrosa. Pero aquí está el desafío: los buenos líderes y profesionales no se dejan paralizar por la incertidumbre. En cambio, lo controlan, lo comprenden y lo utilizan en su beneficio. Tomar decisiones en condiciones de incertidumbre no es sólo un desafío sino también una habilidad que se puede dominar.

Tú también puedes hacerlo.

Es hora de dejar a un lado el miedo a la incertidumbre y volver a tu corazón para actuar con confianza. ¡Tomar decisiones en la oscuridad es un arte y puedes dominarlo!

El concepto de seguridad y verdad
Vivimos en un mundo que valora la verdad. En todas partes se nos dice que "todo debe estar bajo control" y que la planificación y previsión detalladas son la clave del éxito. Entonces, ¿qué sucede cuando la vida no sigue el guión perfecto?

Lo que es verdad es lo que se desconoce, lo que no es verdad. Vivimos en un entorno cambiante donde los mercados cambian, las tendencias evolucionan, los recursos escasean y surgen condiciones impredecibles. Esta incertidumbre puede darnos seguridad, pero también puede ser la decisión más importante y transformadora.

No podemos controlarlo todo, pero podemos controlar nuestras emociones hacia lo desconocido.

Los líderes más exitosos en el mundo empresarial y personal no siempre son los que tienen más conocimientos o las respuestas correctas. Incluso si no tienen todas las respuestas, actúan con confianza y gestionan el riesgo de forma eficaz.

La investigación detrás de la toma de decisiones bajo incertidumbre

El estudio de la toma de decisiones bajo incertidumbre se basa en dos principios: transferencia de información y alto riesgo. Ambos conceptos están respaldados por la neurociencia y la psicología cognitiva y son importantes para una buena toma de decisiones en la mente.

1. Cognición adaptativa: la capacidad de pensar más allá de lo predecible
La cognición adaptativa es la capacidad del cerebro para adaptarse a nueva información y cambiar rápidamente

cuando el entorno lo exige. En situaciones de incertidumbre, nuestro cerebro se enfrenta a información incompleta, pero también busca patrones y hace predicciones basándose en lo que sabe, aunque no sea suficiente.

Los líderes fieles pueden tomar decisiones rápidas y efectivas incluso si no pueden ver el resultado con certeza. En lugar de quedar paralizados, hacen lo mejor que pueden con la información que tienen y ajustan el rumbo a medida que cambian las condiciones. Esta flexibilidad permite a los buenos líderes prosperar en un entorno de incertidumbre.

Tolerancia al riesgo: la capacidad de aceptar lo desconocido

El miedo al riesgo impide que muchas personas actúen ante la incertidumbre. El riesgo puede paralizarnos o hacer que tomemos malas decisiones, pero lo importante es entender que el riesgo es parte del éxito. Lo importante no es eliminar el riesgo, sino gestionarlo eficazmente.

La tolerancia al riesgo no significa tener la culpa; Significa estar dispuesto a avanzar hacia lo desconocido, sabiendo que incluso si no tenemos un mapa claro del futuro, tenemos las herramientas para caminar en la oscuridad. Un líder de alto riesgo no toma decisiones apresuradas, pero tampoco deja que el miedo a la incertidumbre lo consuma. Date cuenta de que cada decisión, incluso la que parece arriesgada, es una oportunidad para aprender y mejorar.

¿Cómo tomar las decisiones correctas en tiempos de incertidumbre?
1. Acepta la incertidumbre como amiga

Pagina 110

La incertidumbre no es tu enemiga, es tu mejor amiga. Cuando sepa que el control total es una sorpresa, podrá dejar de lado la presión de tener todas las respuestas. Aceptar lo desconocido te da la libertad de tomar decisiones sin miedo al fracaso. Este es el primer paso para avanzar con confianza.

Pregunta importante: ¿Qué lograré si acepto esta incertidumbre y la uso para tomar decisiones?

2. Desarrollar la capacidad de tomar decisiones rápidas y adaptarse constantemente
En tiempos de incertidumbre, la parálisis del análisis puede ser tu peor enemigo. La mejor decisión no es la mejor decisión, pero una decisión rápida te permite avanzar y hacer ajustes. No espere por toda la información, utilice la información disponible para tomar la mejor decisión y corregir el rumbo si es necesario.

Pregunta Importante: ¿Qué es lo peor que me podría pasar si lo decido ahora?

3. Priorizar la acción sobre la perfección
La perfección es enemiga del éxito, especialmente cuando el tiempo es limitado. En lugar de buscar la mejor solución, concéntrate en hacer algo y sigue adelante. Resulta que las decisiones rápidas y malas suelen ser más efectivas que las inciertas.

Pregunta original: ¿Qué puedo hacer ahora para acercarme a la solución, aunque no sea perfecta?

4. Confía en tu intuición y conocimiento
La comprensión es más útil cuando nos encontramos con incertidumbre. Como líder, usted trae consigo muchos

conocimientos y experiencia, y su capacidad para usar su imaginación puede ser importante para tomar buenas decisiones en situaciones inciertas.

Pregunta importante: ¿Qué me dice mi instinto en este momento, según mi experiencia?

5. Aprende de cada decisión
Recuerda, en tiempos de incertidumbre, no existe una decisión "equivocada"; Cada decisión es un proceso de aprendizaje. Si los resultados no son los que deseabas, analiza lo sucedido, ajusta tu enfoque y sigue adelante. La verdadera sabiduría proviene de la experiencia, no de la perfección.

Pregunta importante: ¿Qué puedo aprender de este resultado, haya sido exitoso o no?

Tiempo de trabajo ahora
La incertidumbre no ha desaparecido. Vivimos en un mundo incierto e impredecible, y la capacidad de tomar decisiones seguras es una de las habilidades de fuerza de voluntad más importantes. El futuro no espera, y si esperas a que desaparezca la incertidumbre antes de tomar una decisión, estás perdiendo una oportunidad importante.

Hoy es día de control. Se valiente. Utilice la incertidumbre como forma de crecer, aprender y progresar. Cada decisión que tomas hoy te acerca a la persona que podrás convertirte mañana.

¡Hazlo ahora! La incertidumbre es un terreno fértil donde los grandes líderes siembran sus ganancias. Es hora de plantar el tuyo propio.

Pagina 112

CÓMO EL CEREBRO PROCESA EL RIESGO Y LA AMBIGÜEDAD

Domina el Arte de Tomar Decisiones Audaces

Imagínese esto: se enfrenta a una decisión importante que podría cambiar su vida o su carrera. Hay dos caminos ante ti, pero el problema es que no puedes ver el futuro. Ambos métodos son inciertos y arriesgados. Las consecuencias de cometer errores son graves, pero el miedo y la indecisión paralizantes pueden ser aún más devastadores. ¿Qué estás haciendo?

¿Quieres parar? ¿Se está permitiendo quedarse atrapado en la parálisis del análisis, esperando tener todas las respuestas antes que usted? ¿O tienes el coraje de dar un paso adelante y tomar una decisión audaz, incluso si no estás seguro de quién es?

Si ya se ha encontrado con este problema antes, sabe que pueden surgir incertidumbre y riesgos. Pero nadie te dice la verdad de que el riesgo y la incertidumbre son inevitables. Pero lo más importante es que incluso si no tienes todas las respuestas, puedes entrenar tu cerebro para tomar decisiones mejores y más rápidas.

Este es el poder que entienden los grandes líderes y tomadores de decisiones. No esperarán a que las cosas queden claras para actuar. Se entrenan para comprobar la realidad y tomar decisiones sin miedo al fracaso. Tú también puedes.

¿Por qué tenemos miedo al riesgo y a la incertidumbre?
Para entender cómo funciona el cerebro es arriesgado y confuso, primero debemos descomponer las suposiciones de estos conceptos. El cerebro humano está diseñado para protegernos y la sensación de incertidumbre activa una de las partes más importantes del cerebro, la amígdala. Esta estructura es parte del sistema límbico y juega un papel en nuestra respuesta a las emociones, especialmente al miedo.

La amígdala da la alarma cuando nos enfrentamos a un peligro o a una decisión incierta. El cerebro nos advierte de amenazas reales o percibidas. Por eso, cuando el futuro es incierto, nuestra estrategia es evitar correr riesgos, optar por la seguridad y quedarnos en nuestra zona de confort. Este instinto protector evolucionó para ayudarnos a sobrevivir en un mundo peligroso, pero en la sociedad actual este instinto puede convertirse en un freno cuando necesitamos una decisión rápida y audaz.

¿Qué pasa en nuestro cerebro cuando decidimos correr riesgos?
El cerebro no sólo produce miedo en respuesta al riesgo, sino que también utiliza muchas áreas para calcular, analizar y decidir qué hacer. Las dos áreas principales son:

1. Corteza Prefrontal: Centro para la Toma de Decisiones y la Toma de Decisiones

Ante una decisión peligrosa, la corteza prefrontal (la más nueva, el cerebro de la mayoría de nosotros) entra en juego. Esta es la base de nuestro pensamiento, donde evaluamos las recompensas y consecuencias de cada elección. Aquí es donde se consulta la opinión y donde encontramos información para tomar decisiones.

Pero aquí está la cuestión: cuando la corteza prefrontal es responsable de tomar decisiones de valor, está en constante competencia con la amígdala, que toma decisiones impulsivas basadas en el miedo. El equilibrio entre las dos partes del cerebro determinará si tomamos buenas decisiones o nos permitimos sucumbir al miedo.

2. Núcleo Accumbens: la sede de la recompensa y la motivación

El núcleo Accumbens juega un papel importante en nuestra persistencia. Esta parte del cerebro está asociada con el sentimiento de recompensa y es un área que se activa cuando pensamos en resultados, como la alegría o la satisfacción de lograr una meta.

El riesgo no siempre es malo. De hecho, el cerebro humano está diseñado para estar motivado por recompensas incluso cuando hay incertidumbre. Si podemos percibir el riesgo a lo largo del tiempo, el núcleo acumulador puede crear una sensación de motivación que nos impulse a actuar en situaciones inciertas.

¿Cómo tomar decisiones informadas en un mundo lleno de riesgos y complejidad?

Entonces, ¿cómo entrenas tu cerebro para lidiar mejor con el riesgo y la incertidumbre? A continuación se ofrecen algunos consejos de neurociencia que puede utilizar hoy para tomar mejores decisiones:

1. Identificar y gestionar el miedo
El miedo es la respuesta del cerebro a la incertidumbre, pero no tiene por qué controlarte. Lo importante es identificar cuándo el miedo está bloqueando la toma de decisiones y abrirlo a una acción efectiva. Respira hondo y detente. Las decisiones que se toman bajo estrés a menudo se toman en momentos de estrés emocional. La amígdala puede ser poderosa, pero tú tienes el poder de calmarla. Practique la autoevaluación para ver qué tipos de comportamientos guían sus decisiones. Esta conciencia emocional te permitirá controlar y concentrarte en tus miedos.

2. Cambie su forma de pensar sobre el riesgo
Los grandes líderes no ven el riesgo como algo que se debe evitar, lo ven como una oportunidad. Reemplaza el miedo con curiosidad. "¿Qué pasa si no puedo?" Pregúntese "¿Qué pasa si esto funciona?" Empieza a preguntar. Todos los riesgos son valiosos y puedes desbloquear recompensas mentales al considerar las consecuencias de tomar decisiones audaces. Replantee su forma de pensar para ver el riesgo como una inversión en su crecimiento.

3. Tomar decisiones basadas en datos, no en emociones
Cuando el miedo y las emociones juegan un papel en la toma de decisiones, los datos y las emociones también juegan un papel. Utilice su corteza prefrontal a su favor. En lugar de confiar únicamente en usted mismo, intente analizar la información disponible y tomar una decisión informada. Los buenos líderes no se preocupan por la

Pagina 116

incertidumbre, sino que se involucran en planes inteligentes y cambios.

4. Acepta la incertidumbre como parte del proceso
Aquí es donde ocurre la verdadera magia. La incertidumbre no es una barrera; Es la materia prima del crecimiento y la innovación. En lugar de intentar escapar de la confusión, aproveche la confusión como una oportunidad para aprender y crecer. No busque valores absolutos; Busque métricas pequeñas y mensurables que pueda ajustar con el tiempo.

5. Desarrollar la resiliencia mental
Tomar decisiones en condiciones de peligro y ambigüedad no es fácil, pero la estabilidad mental permite recuperarse rápidamente del fracaso y adaptarse a nuevas situaciones. La resiliencia es una habilidad que se aprende. Desarrolle su capacidad para gestionar el estrés con un enfoque positivo y orientado a soluciones.

¡Ahora es el momento de actuar!
Los peligros y las complicaciones nunca terminan, pero puedes entrenar tu cerebro para afrontarlos con confianza, claridad y eficacia. El futuro es incierto y ahí es donde los grandes líderes pueden prosperar. El riesgo y la complejidad son tus aliados, no tus enemigos.

Es hora de dejar de esperar el "momento adecuado". La perfección no existe. La verdadera magia está en la acción, en tener el coraje de tomar decisiones incluso cuando no tienes todas las respuestas.

Tu cerebro está preparado para ello. Este también es tu momento.

ESTRATEGIAS NEUROLÓGICAS PARA DECIDIR EN SITUACIONES CRÍTICAS

La Ciencia de la Acción Bajo Presión

¿Alguna vez se ha enfrentado a una situación en la que su futuro depende de una decisión que debe tomar de inmediato? Tal vez sea una oportunidad de negocio que no puedes dejar pasar o un problema personal que te obligue a tomar medidas. En ese momento, la presión puede ser tan alta que es fácil interferir con el examen de los órganos. Dudamos, esperando que aparezca mágicamente la respuesta perfecta.

Pero déjame decirte algo con seguridad: no necesitas una respuesta perfecta. Lo que necesitas es la capacidad de tomar decisiones rápidas y efectivas, incluso si no tienes toda la información. Sí, se pueden entrenar.

La ciencia de la toma de decisiones bajo presión
El cerebro humano está diseñado para tomar decisiones. Sin embargo, ante un problema grave, los procesos de toma de decisiones de nuestro cerebro chocan. Por un

lado, tenemos la corteza prefrontal, que es la encargada de tomar decisiones lógicas y lógicas, y por otro lado, tenemos la amígdala, que responde instintivamente al miedo y al pánico.

La corteza prefrontal es el centro de nuestra mente consciente y controlada, donde sopesamos lo bueno y lo malo, planificamos estrategias y calculamos las consecuencias a largo plazo. Sin embargo, en momentos de mucho estrés, la amígdala se activa, desencadenando la respuesta de "lucha o huida", lo que puede provocar ansiedad y dificultar la toma de decisiones racionales.

El conflicto entre el miedo y la razón es el mayor problema cuando nos enfrentamos a decisiones difíciles. La clave es superar el miedo, pero gestionarlo para que no interfiera con nuestra capacidad de actuar. Aquí es donde entran en juego las técnicas cerebrales: puedes entrenar tu cerebro para tomar decisiones de forma rápida y clara, incluso en situaciones difíciles.

Mecanismos neurológicos para tomar decisiones inteligentes bajo estrés

1. Reconocer y cambiar las respuestas emocionales
El primer paso para tomar decisiones efectivas en situaciones difíciles es reconocer los efectos del estrés en el cerebro. Cuando experimentas estrés, tu cerebro reacciona emocionalmente. El miedo es natural, pero no debes dejar que te controle. Los altos líderes y tomadores de decisiones son buenos para distinguir entre emoción y respuesta racional.

Cuando sientas tu depresión, detente y respira. La respiración profunda activa el nervio vago, lo que reduce las respuestas a los impulsos nerviosos y ayuda a reducir la activación de la amígdala. Esta simple acción te permite retroceder y recuperar el control. Al hacer esto, creas un centro de actividad en tu corteza prefrontal para que puedas pensar con claridad.

2. Tomar decisiones basadas en hechos, no en hipótesis
El cerebro tiende a buscar patrones y hechos, especialmente cuando se enfrenta a la incertidumbre. Sin embargo, rara vez se encuentra la certeza absoluta, por lo que debemos entrenar nuestra mente para tomar decisiones basadas en lo que tenemos en lugar de en lo que queremos tener.

Los grandes líderes entrenan sus cerebros para pensar que tomar decisiones rápidas es más importante que esperar a que todas las piezas encajen. En algunos casos, tomar medidas rápidamente produce más resultados, lo que le permite ajustar su rumbo en consecuencia.

Para hacer esto, detén tus pensamientos y concéntrate en lo que tienes frente a ti. Haga preguntas importantes, analice rápidamente los resultados y actúe. Con el tiempo, esto mejorará su capacidad para tomar decisiones rápidas, incluso ante la incertidumbre.

3. Usa el poder de la visualización para remodelar tu mente
Una de las herramientas más poderosas en una situación difícil es la visualización. Los mejores atletas utilizan esta técnica para preparar su cerebro para los desafíos. Al pensar en cómo responder bien a situaciones difíciles, puedes entrenar tu cerebro para responder bien cuando sea el momento adecuado.

La visualización es efectiva porque activa las mismas áreas del cerebro que se activan durante la acción. Al imaginarse tomando decisiones rápidas y eficientes, reconfigura su cerebro para actuar con confianza. Esto no sólo aumentará su confianza, sino que también reducirá el estrés que a menudo experimenta al tomar decisiones difíciles.

4. Tome pequeñas decisiones para actuar rápido
Cuando se enfrenta a un gran problema, es posible que se sienta obligado a tomar una gran decisión que lo cambiará todo. Pero eso no es así. Las mejores decisiones en las situaciones más difíciles no son grandes ni terribles. La clave es lograr avances pequeños y mensurables.

El cerebro humano está diseñado para avanzar, y un pequeño paso hacia una solución puede tener un impacto mayor que esperar a que todo sea perfecto. Además, cada pequeño pensamiento te brinda más información, lo que te permite cambiar y mejorar tu enfoque sin quedar paralizado.

5. Confía en tus experiencias e instintos
La neurociencia nos muestra que el cerebro humano tiene increíbles sistemas de memoria y la capacidad de utilizar experiencias pasadas para tomar decisiones rápidas. Este sistema se controla mediante un proceso llamado toma de decisiones, en el que su cerebro utiliza información almacenada inconscientemente para tomar medidas sin mucho análisis.

Así que cree en lo que has experimentado. Si has estado en una situación similar antes, tu cerebro ya tiene una "huella digital" de cómo reaccionar. En la mayoría de los casos, la mejor decisión para un problema es la que se toma intuitivamente basándose en su conocimiento y experiencia. Cuando tu instinto te diga algo, no lo ignores.

Actúe ahora
Es cierto: las decisiones más poderosas no siempre son las correctas, sino las que se toman con confianza y rapidez. En situaciones críticas, el tiempo es esencial. Los líderes más exitosos son aquellos que actúan cuando otros se alejan.

Ahora es el momento de tomar el control. Si entrena su cerebro para manejar el estrés, tomar decisiones pequeñas y honestas y confiar en su instinto y su intuición, no solo mejorará su capacidad para tomar decisiones, sino que también se convertirá en un líder más seguro y valiente.

El riesgo de no hacer nada es mayor que el riesgo de cometer un error. Así que actúe ahora, porque el futuro no espera. Tu mente está preparada para tomar decisiones seguras incluso en los momentos más importantes. Es hora de que brilles.

Pagina 122

LA IMPORTANCIA DE LA CONFIANZA EN LA INTUICIÓN INFORMADA

¿Por Qué Debes Confiar en Tu Instinto para Tomar Decisiones?

¿Alguna vez te has enfrentado a una decisión difícil y aunque no tenías toda la información, siempre supiste qué hacer? Esa sensación innegable de que aunque no estés seguro, has elegido el camino correcto. En la cultura empresarial, como en la vida cotidiana, el poder de la mente suele ser irrelevante. Aprendemos que las decisiones inteligentes se basan en datos concretos, análisis rigurosos y planificación sistemática. Pero la ciencia del cerebro humano y las experiencias de los líderes exitosos demuestran lo contrario: la intuición, cuando se nutre e informa adecuadamente, es una de nuestras herramientas más poderosas.

Hoy quiero que des un paso hacia la verdad del cambio: Ver no es un accidente ni un sentimiento extraño. Es el resultado de un cerebro entrenado y de procesos mentales que están estrechamente relacionados con el conocimiento y la experiencia. Y lo más importante: puedes aprender a confiar en él.

¿Qué es el insight y por qué es importante? Primero, definamos qué entendemos por concepto de inteligencia. Es la capacidad de tomar decisiones rápidas y racionales basadas no sólo en datos personales, sino también en conocimientos acumulados, experiencias pasadas y señales simples que nuestro cerebro recopila. Es como tener un poder psíquico especial que mezcla lo que sabes con lo que sientes.

Imagina que estás en una sala de reuniones y escuchas diferentes solicitudes. No tienes todos los números, no conoces todos los antecedentes, pero algo dentro te dice que esta idea es buena. Es increíble en el trabajo. Es el equilibrio perfecto entre lógica y emoción, entre datos concretos y experiencia real.

Pero esto es sorprendente: la intuición no es mágica. Es la capacidad de acceder a más información almacenada en el cerebro, que la procesa más rápido de lo que sabemos. De hecho, cuando tomas una decisión rápida, tu cerebro crea miles de ideas que no siempre se pueden explicar de forma lógica, sino que son completamente lógicas y basadas en la situación anterior.

La ciencia de la percepción: tu cerebro siempre está aprendiendo
El cerebro humano es muy útil para el reconocimiento de patrones. Incluso sin darte cuenta, tu cerebro recopila información constantemente. A medida que interactúas con el mundo, ya sea en el trabajo, en las relaciones o incluso en tu vida personal, creas una red compleja de experiencias que tu cerebro almacena y utiliza para hacer predicciones.

¿Sabías que cada vez que tomas una decisión, tu cerebro examina una enorme biblioteca de información pasada, incluso si no lo sabes? Esta red de conocimiento tiene tus "instintos".

Este proceso se llama aprendizaje activo. La neurociencia ha demostrado que el cerebro puede reconocer patrones y tomar decisiones sin nuestro conocimiento. Siempre que tomamos una decisión en un entorno complejo, nuestro cerebro combina lo que ya sabemos con la nueva situación, brindándonos una solución mejor y más rápida. Esto es poder mental: el cerebro está entrenado para trabajar de forma rápida y eficiente.

Contrariamente a la creencia común: No todo puede suceder de esta manera
donde muchas personas cometen un error fatal: mezclarlos con procesamiento o aleatoriedad. En nuestra cultura, especialmente en los negocios, sólo tomamos decisiones que pueden explicarse mediante datos y lógica. Sin embargo, esta gran dependencia de la lógica fría limita nuestra capacidad para trabajar con eficacia y adaptarnos.

Te animo a reconsiderar estas creencias. La lógica es muy poderosa, pero no puede predecir el futuro en situaciones difíciles e impredecibles. Hay momentos en los que simplemente no encuentras sentido y es entonces cuando la intuición es tu mejor amiga.

El conocimiento profundo es el equilibrio perfecto entre inteligencia y conocimiento tranquilo, pero para llegar allí tienes que empezar a confiar en tu intuición. Tu cerebro ha aprendido más de lo que crees. El problema es que por miedo a cometer errores tendemos a ignorar nuestros sentimientos y priorizar análisis interminables.

Beneficios asombrosos de confiar en su intuición
Toma de decisiones mejor y más rápida: La intuición le ayuda a tomar decisiones sin necesidad de utilizar análisis. En el mundo en constante cambio actual, la

capacidad de trabajar rápidamente es una ventaja competitiva.

Capacidad fuerte y flexible: la resolución profunda le ayuda a ver más allá. Al combinar tus experiencias pasadas, tu cerebro te permite encontrar soluciones creativas y únicas que no puedes imaginar.

Actuar eficazmente en una crisis: cuando hay presión, la capacidad de tomar decisiones rápidas es esencial. La atención plena le ayuda a navegar en un entorno estresante sin miedo ni dudas. Tu cerebro, entrenado para reconocer patrones, sabe qué hacer incluso si no tienes toda la información.

Relaciones con los demás: La intuición también juega un papel importante en nuestras relaciones. ¿Alguna vez has tenido sentimientos por alguien, un sentimiento en el que no podías confiar? Esta es su intuición en acción, que le ayuda a leer los problemas sociales más rápido que si se basara únicamente en los hechos.

Desarrollo personal y profesional: Cuanto más confíes en tu intuición, más fácil será mejorar tus habilidades para tomar decisiones. Esto no sólo lo hará más eficaz, sino que también lo convertirá en un líder mejor y más seguro.

¿Cómo se aumenta la confianza en el pensamiento mental?
Ahora que sabes lo poderosa que es la introspección, es hora de cultivarla. Aquí tienes algunos pasos prácticos para empezar:

Escucha tu voz interior: Siempre que tomes una decisión, escucha esa voz interior que te guía. Escuche su opinión.

Pagina 126

Con el tiempo, aprenderá a distinguir las ideas reales de las simples y abstractas.

Haz más de lo que sabes: cuanto más intentes exponerte a situaciones nuevas, mejor funcionará tu cerebro y creará patrones. La práctica regular le ayudará a tomar mejores decisiones.

Meditación y meditación: La meditación y la meditación diaria pueden calmar tu mente y conectarte con tus pensamientos. El espacio mental es fundamental para que el cerebro se comunique y tome decisiones más efectivas.

Investigación: Después de tomar todas las decisiones importantes, piense en el proceso. ¿Por qué tomaste esta decisión? Al comprender cómo funciona tu mente, la fortalecerás.

Es hora de actuar
Es hora de dejar de lado tus dudas y empezar a confiar en tu corazón. El conocimiento no es algo misterioso ni una habilidad inalcanzable; Es una habilidad que se puede aprender y que puede transformar su capacidad para tomar decisiones y afrontar desafíos con fuerza y sabiduría. El futuro se está escribiendo y la mejor manera de garantizar el éxito es utilizar la imaginación con confianza.

¡No dejes que el miedo a equivocarte te destruya! Tu cerebro lo sabe mejor. Confía en ello, actúa ahora y lleva tu liderazgo al siguiente nivel.

INFLUENCIA Y CONEXIÓN: LIDERAR CON EMPATÍA

La mayoría de la gente cree que un buen líder es alguien que tiene control sobre su autoridad y debe ser fuerte, resolutivo y en muchos casos no se preocupa por los demás. Esta visión se ha transmitido de generación en generación: un líder es una persona poderosa que controla el proceso y dirige el destino de su equipo desde arriba. Pero hoy esta visión ha sido abandonada.

¿Sabes que la comprensión es una de las cosas más importantes que puede tener un líder? Sí, has leído bien. La empatía, que es la capacidad de comprender y empatizar con los demás, es ahora una de las claves del liderazgo. En un mundo donde la velocidad, la eficiencia y la conectividad son importantes, la comprensión no es sólo una habilidad crítica, sino también una necesidad urgente.

Este blog te reta a repensar lo que crees sobre el liderazgo. Porque el verdadero liderazgo no es un sentimiento, sino una comprensión. Es hora de empezar a liderar con el corazón y dejar que tus emociones se conviertan en tu mayor fortaleza.

Investigación de liderazgo: ¿Por qué funciona?
La simpatía no es una buena idea en las conversaciones de negocios. En realidad, es la inteligencia asociada con el cerebro humano. La neurociencia ha demostrado que la

Pagina 128

conexión emocional de una persona es una de las fuentes más efectivas de fuerza y motivación humanas.

En el cerebro, las neuronas espejo son responsables de nuestra capacidad de "escuchar" lo que piensan los demás. Estos nervios nos permiten ponernos en el lugar de los demás y ver cómo se sienten como si fueran propios. Cuando un líder es empático, activa estas neuronas en su equipo, creando una respuesta emocional que fortalece las relaciones y crea relaciones profundas y significativas.

Esto no sólo hace que la gente no confíe en usted, sino que también aumenta la colaboración y la productividad. Cuando las personas se sienten comprendidas, trabajan con pasión y compromiso. La empatía es una herramienta más poderosa que las órdenes o órdenes estrictas porque las personas están motivadas por la emoción, no por el poder.

El desafío de la fe: la compasión no es una debilidad
Uno de los mayores mitos sobre el liderazgo es que se lo ve como una debilidad. Mucha gente piensa que para ser un buen líder hay que ser independiente, fuerte y en muchos casos no te importa la opinión de los demás. Esta idea está equivocada.

Liderazgo con compasión no significa ser blando o ceder ante todo, sino saber cuándo ser firme y cuándo ser compasivo. Los directivos entienden que las emociones de las personas son la fuerza impulsora detrás de la productividad, la innovación y la lealtad. Y saben cómo utilizar este poder de buena manera.

De hecho, los líderes de opinión son más eficaces en tiempos de crisis, cuando las emociones son intensas y la incertidumbre flota en el aire. La empatía permite a un líder liderar a su equipo a través de la adversidad, no sólo a través de la estrategia y la lógica, sino también a través del trabajo en equipo.

Las mejores prácticas crean consenso

1. Mejorar la comunicación y la colaboración

El consenso crea un entorno donde las personas se sienten cómodas expresando sus pensamientos, ideas e inquietudes. Cuando un líder muestra comprensión y respeto por las opiniones de su equipo, las personas están abiertas, dispuestas a expresar sus opiniones y, lo más importante, dispuestas a cooperar.

La empatía permite que un equipo trabaje en conjunto, donde las fortalezas de cada miembro se combinan y los problemas se enfrentan juntos. Un equipo que cree en su líder está listo para seguir adelante.

2. Aumentar la cooperación y la energía

La empatía no sólo aumenta la aceptación, sino que también crea solidaridad que puede conducir a la cooperación. Cuando un directivo se preocupa por la salud de sus compañeros, le da sentido a su trabajo y les dice que sus esfuerzos están directamente relacionados con el éxito.

Este tipo de liderazgo fomenta la motivación genuina, donde las personas trabajan no solo para satisfacer necesidades externas, sino porque creen en la misión y el

Pagina 130

valor de la asociación. Las emociones son la fuente más importante de motivación y los buenos líderes saben cómo motivarlos para que rindan al máximo.

El grupo lidera con buena comprensión porque la gente siente que tiene un gran apoyo. Cuando los socios saben que pueden confiar en un líder que los comprende y los apoya, enfrentan los desafíos con confianza y determinación.

En tiempos difíciles, la comprensión actúa como el pegamento que mantiene unido al equipo. Esto no sólo mejora el desempeño durante una crisis, sino que también mejora el liderazgo y crea un lugar de trabajo donde las personas se sienten valoradas y apoyadas.

Fomentar la innovación y la creatividad

Los gerentes no solo gestionan proyectos, sino que fomentan la innovación. Cuando las personas sienten que sus opiniones son escuchadas y respetadas, se sienten libres de experimentar, asumir riesgos y pensar de manera innovadora. La empatía crea un ambiente donde las ideas fluyen y los participantes se interesan en nuevas soluciones sin temor a ser juzgados.

Los líderes que escuchan y comprenden los sentimientos de su equipo crean un entorno donde la innovación se convierte en la norma. El pensamiento positivo se desarrolla cuando las personas se sienten valoradas al abrir nuevas formas de pensar y habilidades para resolver problemas.

El futuro del liderazgo es la compasión: actúe ahora

En el mundo actual que cambia rápidamente, los líderes exitosos no son los más fuertes, sino los más compasivos. La empatía es una habilidad que puede cambiar el futuro de un líder y si no la has incorporado a tu estilo de liderazgo, ahora es el momento de hacerlo.

¿Por qué esperar? El mundo necesita líderes que no sólo lideren, sino que conecten. Los líderes entienden a sus equipos, les dan significado, los motivan a ser mejores y les muestran que son valorados.

Nunca subestimes el poder de la empatía. Si quieres tener un impacto, si quieres cambiar el mundo, empieza por cambiar tus costumbres. Empiece a liderar con compasión. Es la forma más poderosa de conectar, cambiar y mejorar quienes te rodean.

¡Es tu turno! Actúe ahora para comenzar a construir un futuro sólido, colaborativo y humano. Empatía: bésalo.

Pagina 132

CÓMO EL CEREBRO INTERPRETA Y RESPONDE A LA CONEXIÓN SOCIAL

El Poder Oculto que Impulsa Tu Éxito

Imagina que estás asistiendo a una reunión importante o quizás a un evento social y algo en tu interior te dice que algo anda mal. Tal vez sea un ligero cambio en el tono de voz de alguien, o esa mirada lejana que recibes desde el otro lado de la habitación. ¿Cómo sabes que las cosas han cambiado incluso si no se dice nada?

La respuesta está en tu cerebro. El cerebro humano es inherentemente social y su capacidad para reflejar relaciones, interpretar los estados emocionales de los demás y adaptarse a las interacciones sociales es mayor de lo que imaginamos. Las relaciones no se tratan sólo de sentimientos; Es un modelo biológico, psicológico y profundo para la humanidad.

Hoy me adentraré en tu cerebro y te mostraré por qué la interacción social no es sólo un "complemento" de tu vida, sino esencial para tu éxito y felicidad. Deje de lado la creencia de que las relaciones son sólo "relaciones personales". La capacidad de comunicarse con los demás es la clave para el crecimiento personal y profesional.

El cerebro social: ¿por qué nos conectamos?
Desde el momento en que nacemos, la interacción humana es central en nuestras vidas. Los seres humanos están programados para buscar, reconocer y responder a señales sociales. Necesitamos vivir en comunidad y conectarnos unos con otros. El cerebro no funciona de

forma aislada, sino que está distribuido, por lo que interactúa constantemente con los demás.

Hay un área específica del cerebro que se activa cada vez que experimentamos interacciones sociales significativas. Cuando nos sentimos aceptados, comprendidos o conectados con los demás, se activa el sistema de recompensa (incluidas partes del cerebro como el núcleo accumbens). Este proceso libera dopamina, un neurotransmisor positivo que nos hace sentir bien y crea una respuesta positiva que nos anima a buscar más esa relación.

Además, las regiones implicadas en el procesamiento de las emociones, como la amígdala, también desempeñan un papel importante. La amígdala analiza las señales sociales, detecta emociones como la simpatía, la ira o el miedo y ayuda a responder rápidamente a las relaciones. Has visto Su cerebro no sólo "siente" las interacciones humanas, sino que las interpreta y responde inmediatamente.

Las conexiones sociales y el cerebro: la clave del éxito
En un mundo donde estamos constantemente bombardeados con información y la buena comunicación parece ocupar más parte de nuestras vidas, las buenas conexiones sociales son más importantes que nunca. El verdadero éxito depende no sólo de nuestras habilidades intelectuales o técnicas, sino también de nuestra capacidad para construir relaciones sólidas.

¿Por qué? La interacción social no sólo mejora tu bienestar emocional, sino que también te permite tomar decisiones, innovar y liderar.

Pagina 134

1. La interacción social puede mejorar tu inteligencia emocional
Cuando interactúas con otras personas en la vida real, te comprendes mejor a ti mismo y a los demás. La empatía es un componente importante de la inteligencia emocional, un circuito cerebral diseñado para captar las señales emocionales de quienes te rodean.

¿Sabías que las personas con alta inteligencia emocional toman decisiones más efectivas en entornos complejos? La empatía no sólo te permite comprender los sentimientos de los demás, sino también cómo responder a esos sentimientos. Los líderes que comprenden esta habilidad pueden tener un impacto profundo y real en los demás.

2. Las conexiones sociales pueden aumentar la motivación y la productividad.
La buena comunicación inspira motivación y aumenta la productividad. Cuando las personas se sienten conectadas, están más dispuestas a cooperar, dar tiempo y energía y contribuir a objetivos comunes.

La ciencia lo respalda: los estudios demuestran que cuando las personas se sienten parte de una comunidad, sus niveles de oxitocina (la hormona del vínculo) aumentan, dándoles un sentido de pertenencia y dándoles la energía para seguir trabajando duro.

3. Conectar con los demás aumenta la estabilidad personal
Las conexiones sociales no sólo nos hacen sentir bien, también nos dan fuerza. Las relaciones significativas proporcionan un sistema de apoyo en tiempos de crisis.

Al sentirse apoyado por los demás, tu cerebro mejora el autocuidado y reduce el estrés.

Cuando estás estancado, las conexiones sociales pueden aliviar el estrés y ayudarte a calmarte, concentrarte y mantenerte concentrado. Además, las relaciones saludables pueden ayudar a mejorar la salud física y mental al reducir los niveles de cortisol (hormona del estrés) y mejorar la salud general.

4. Las relaciones pueden aumentar tu capacidad para innovar y ser creativo
Las relaciones con los demás no sólo pueden brindarte apoyo emocional, sino también aumentar tu creatividad. El cerebro es un componente social: cuando trabajas en equipo, compartes ideas e interactúas con personas de diferentes orígenes y perspectivas, tu mente se expande. Las conexiones sociales mejoran sus habilidades para resolver problemas, le brindan nuevas perspectivas e ideas y respaldan nuevas ideas.

La interacción social regular ayuda a tu cerebro a expandirse, adaptarse y conectarse de nuevas maneras. La creatividad prospera en un entorno donde las personas se sienten escuchadas y comprendidas. Es el poder que puede cambiar tu vida, tu carrera y tu negocio.

En relaciones futuras: ¿está listo para actuar?
Es hora de dejar de pensar que el trabajo y las relaciones son dos mundos diferentes. El cerebro humano está diseñado para funcionar solo. Cada interacción social es una oportunidad para fortalecer tus habilidades emocionales, aumentar tu creatividad y lograr un éxito duradero.

Pagina 136

Si quieres ser más productivo, más feliz, más fuerte y más exitoso, ahora es el momento de empezar a invertir en tus redes sociales. El cerebro responde y se adapta a las limitaciones que usted crea. Cuanto más desarrolles estas relaciones, más fuertes serán tus habilidades cognitivas, emocionales y sociales.

No hagas de las conexiones sociales una prioridad. Ya sea en su vida personal o profesional, conectarse con los demás es igualmente importante para su éxito y bienestar. Actúe ahora. Construya relaciones reales, invierta en una red de apoyo y observe cómo su cerebro responde para impulsarlo a nuevos niveles de éxito, creatividad y felicidad.

¡El futuro se crea hoy, a través de las conexiones! Conéctate, crece y cambia tu vida.

LA NEUROCIENCIA DE LA EMPATÍA Y SU IMPACTO EN EQUIPOS

La Clave Secreta para Transformar el Rendimiento

Imagine un equipo que no sólo trabaja en conjunto, sino que se comprende profundamente entre sí. Un grupo donde cada integrante siente que su voz es escuchada, que sus sentimientos son comprendidos y que sus esfuerzos son apreciados no sólo con palabras, sino también con el compromiso real de sus pares. ¿Cómo se siente ser parte de un equipo así? ¿Y si te dijera que, desde un punto de vista científico, estos equipos tienen la capacidad de cambiar no sólo los resultados, sino también la cultura organizacional?

Aquí es donde entra en juego la neurociencia de la empatía. Ser capaz de ponerse en el lugar de otra persona, captar los sentimientos de otras personas y responder auténticamente no es sólo una habilidad social; Es una poderosa herramienta nerviosa que impulsa el rendimiento, la innovación y la prosperidad en cualquier equipo. Y no, no se trata sólo de "buenas intenciones" o "sentimentalismo"; Eso es ciencia.

En este blog, te explicaré cómo tu cerebro y el de tu pareja responden a la empatía y cómo esta habilidad puede marcar la diferencia entre un equipo promedio y un equipo imparable. Es hora de desafiar viejas creencias, disipar conceptos erróneos sobre liderazgo y productividad y comenzar a cambiar la dinámica de su equipo.

Pagina 138

Ciencia cognitiva: ¿por qué funciona?

La compasión no es sólo un valor abstracto o un gesto de bondad. Es una respuesta biológica que está integrada en la estructura de nuestro cerebro. Cuando nos comunicamos con otras personas, el cerebro humano no solo procesa las palabras que escuchamos u observa el comportamiento de otras personas. Lee los sentimientos. Sentir los estados internos de otras personas. Y esto sucede tan rápida y directamente que muchas veces ni siquiera nos damos cuenta.

Esto sucede debido a las neuronas espejo. Estas células cerebrales actúan como un espejo, reflejando y procesando las emociones de otras personas. Cuando un miembro del equipo sonríe, expresa frustración o incluso tristeza, su cerebro responde activando las mismas áreas del cerebro que se activarían si fuera usted. ¡Sí! ¡Es difícil de entender en tu biología!

¿Cómo afectará esto al equipo? Cuando las personas tienen empatía, se conectan emocionalmente. Esta sensación de conexión no sólo mejora las relaciones interpersonales, sino que también fomenta la confianza y la cooperación. La comprensión del equipo es un equipo más cohesivo, comprometido y eficaz.

Beneficios sorprendentes del entendimiento en equipos

1. Confianza y buena comunicación

Cuando un miembro del equipo siente que se comprenden sus sentimientos y actitudes, confía más en sus compañeros. Esta confianza se traduce directamente en una comunicación más abierta y honesta. En lugar de temer los juicios o los conflictos, las personas se sienten cómodas compartiendo ideas, expresando opiniones y resolviendo desacuerdos de manera constructiva.

La ciencia lo respalda: las investigaciones muestran que los equipos con altos niveles de empatía tienen un 60% más de probabilidades de resolver conflictos de manera efectiva y mantener una comunicación fluida sin convertirse siempre en un campo de batalla.

2. Aumentar la productividad y el rendimiento

Una de las creencias más comunes en el entorno laboral es que la competencia intensa y las altas expectativas son las claves del rendimiento. Sin embargo, las relaciones empáticas se pueden fortalecer. Cuando los miembros del equipo se sienten valorados, escuchados y apoyados, su motivación y compromiso aumentarán dramáticamente.

La neurociencia muestra que la oxitocina, conocida como "hormona de la lealtad" u "hormona del amor", se libera en grandes cantidades cuando empatizamos unos con otros. Este neurotransmisor no sólo mejora nuestra capacidad para trabajar en equipo, sino que también reduce el estrés y aumenta nuestra capacidad de concentración, lo que conduce a un mejor rendimiento.

Los equipos empáticos tienen un 40% más de probabilidades de superar sus objetivos de rendimiento porque están motivados por objetivos compartidos y cohesión emocional.

3. Incrementar la innovación y la creatividad

Pagina 140

Los equipos emocionalmente conectados son más creativos e innovadores. ¿Porque? Porque cuando las personas se sienten escuchadas y aceptadas, se sienten más seguras compartiendo nuevas ideas, incluso las más peligrosas o inusuales. La compasión crea un ambiente donde las debilidades no se ven como debilidades, sino como oportunidades para crecer y aprender.

La ciencia muestra que la empatía activa áreas del cerebro asociadas con la resolución de problemas y la toma de decisiones, aumentando la creatividad de los equipos colaborativos. Los miembros perspicaces del equipo sienten que pueden proponer soluciones innovadoras sin temor al rechazo.

4. Mejorar el bienestar general del equipo

La autocompasión no solo afecta el desempeño, sino también el bienestar emocional de los individuos. Las interacciones afectivas reducen los niveles de cortisol, la hormona del estrés, lo que reduce la fatiga y la ansiedad. Los equipos que practican la empatía tienen tasas de rotación de empleados inferiores al 50% y disfrutan de niveles más altos de satisfacción laboral. ¿Quién no querría ser parte de un equipo que no sólo logra objetivos, sino que también se preocupa por los demás?

Rompiendo el mito: la compasión no es debilidad, es fuerza
Un error común es pensar que ser compasivo significa ser amable o paciente. Nada podría estar más lejos de la verdad. La compasión no es lo mismo que la debilidad. De hecho, los líderes compasivos son más respetados, más eficaces y más capaces de liderar en tiempos de crisis.

¿Por qué? Porque la empatía fortalece la resiliencia del equipo. Cuando alguien se siente comprendido y apoyado emocionalmente, es más probable que se mantenga unido ante los desafíos difíciles. La empatía proporciona la base emocional que permite a los equipos mantener la calma, afrontar el miedo y la adversidad.

Su llamado a la acción: adopte la empatía hoy
Es hora de romper con las viejas ideas sobre cómo formar equipos de alto rendimiento. La empatía es una estrategia inteligente, no un lujo. Los equipos liderados con empatía pueden superar obstáculos de manera más efectiva, trabajar de manera más eficiente y están más motivados para tener éxito.

Ahora es el momento de dar el siguiente paso. Comienza a desarrollar la empatía en tu equipo: aprende a escuchar atentamente, reconocer los sentimientos de los demás y responder con autenticidad. ¡Los resultados serán increíbles! Verás cómo tu equipo puede convertirse en un departamento decidido, proactivo e innovador que consigue objetivos antes inalcanzables.

Es hora de gobernar tu corazón. La neurociencia de la compasión está de tu lado y ahora tú también puedes ser parte del cambio que cambiará el mundo. Actúe ahora. Deje que la empatía sea su herramienta de liderazgo más poderosa. Porque tanto en el mundo de los negocios como en la vida misma, las relaciones son el verdadero poder que nos lleva al éxito.

Pagina 142

CREACIÓN DE ENTORNOS PSICOLÓGICAMENTE SEGUROS

La Revolución Silenciosa que Impulsa el Éxito

Imagínese esto: un lugar de trabajo donde todos son valorados, donde las ideas fluyen libremente, donde puede ser vulnerable sin temor a ser juzgado y donde cada miembro del equipo sabe que tiene derecho a no estar de acuerdo, a aprender y crecer sin consecuencias negativas. ¿Es este un buen lugar para trabajar? Ahora piénselo, este tipo de entorno no sólo mejora la calidad de vida de los individuos, sino que también promueve la productividad de todo el grupo. La pregunta es: ¿por qué no hacemos esto?

Crear un entorno seguro no es nada nuevo, ni tampoco es algo "bueno" que las empresas "deberían" hacer. Existen requisitos biológicos y neurológicos para el funcionamiento normal. Si desea que su equipo sea más productivo, tenga más conocimientos, se centre y se comprometa, lo más importante es crear un entorno en el que todos se sientan seguros. La ciencia lo demuestra y hoy te mostraré por qué y cómo puedes empezar a cambiar eso hoy.

La ciencia de curar las enfermedades mentales: ¿por qué funciona?

Imagina que cada vez que hablas en un grupo, te preocupa que se rían de ti y te ignoren. ¿Cómo crees que esto afecta tu creatividad? ¿O quieres compartir una solución inteligente? Es probable que cedas, ocultes tus emociones y te dejes llevar en lugar de expresar tus ideas únicas. Un lugar emocionalmente inseguro puede parecer así.

El cerebro humano está diseñado para percibir el mal. Cada vez que vemos algo negativo, la amígdala (la parte del cerebro que controla las respuestas emocionales) se activa y emite una advertencia. Si siente que sus ideas son ignoradas, se ríen de ellas o se malinterpretan, su cerebro está en problemas. Esto no sólo te hará sentir mejor, sino que también afectará tus capacidades mentales. El estrés y el miedo pueden inhibir nuestra capacidad de pensar con claridad e inhibir nuestra capacidad de trabajar, ser creativos y resolver problemas.

Ahora imagina que el entorno es diferente. En un entorno psicológico seguro, no tendrá miedo de expresar sus ideas ni de cometer errores. Tu cerebro no está en un estado de obstrucción, sino en un estado de crecimiento, donde las ideas fluyen sin obstáculos y la colaboración no se juzga. Esto no sólo fomenta la creatividad sino que también libera el potencial latente.

Beneficios asombrosos de crear un ambiente seguro

1. Promueve la innovación y la creatividad
Los grupos pueden expresar sus ideas de manera segura sin temor a ser rechazados por la creatividad del grupo. ¿Por qué? Porque requiere creatividad. Si le preocupa que sus ideas sean objeto de burla o desestimadas, no puede hablar. Pero en un entorno seguro las ideas pueden fluir. Los miembros del equipo pueden probar nuevas ideas, cometer errores y aprender sin consecuencias negativas.

Pagina 144

Las empresas con un entorno psicológico seguro tienen un 35% más de probabilidades de crear nuevas ideas y un 45% más de probabilidades de implementarlas. ¿Te imaginas lo que haría tu equipo si trabajaran sin miedo?

2. Mejorar el desempeño y la rentabilidad laboral
El miedo y el estrés son los enemigos del trabajo. Cuando las personas sienten que sus ideas y contribuciones son importantes, no significa que trabajarán duro; Hicieron un gran trabajo. Son apasionados, reflexivos y dispuestos a superar obstáculos.

La investigación científica muestra que los grupos con seguridad psicológica se desempeñan un 30% más que los grupos sin seguridad psicológica. El activismo social aumenta significativamente cuando las personas sienten que pueden expresar sus opiniones sin ser juzgadas.

3. Fortalecer las relaciones interpersonales y el trabajo en equipo
En un entorno emocionalmente seguro no sólo se producen pensamientos positivos, sino que se fortalecen las relaciones interpersonales. Cuando los miembros del equipo muestran vulnerabilidad y comparten sus pensamientos y sentimientos sin miedo, se construye una base sólida de confianza. Las personas comienzan a trabajar juntas, reconociendo el valor único que cada persona aporta al equipo.

La confianza es el pegamento que mantiene unido a un equipo, sin ella no podrás rendir al máximo, no importa lo talentoso que seas. Un espacio seguro es un lugar donde las personas pueden abrirse y trabajar juntas, no individualmente, sino como un equipo cohesionado. Mejorar la calidad de vida, reducir el horario de verano

La Mente de un Líder

Crear un entorno seguro no sólo afecta la calidad del trabajo, sino que también afecta la salud de los trabajadores. El estrés crónico proveniente de entornos adversos o negativos puede provocar fatiga, ansiedad, depresión y enfermedades crónicas.

Cuando las personas trabajan en un entorno donde se sienten aceptadas y apoyadas, sus niveles de cortisol (la hormona del estrés) se reducen, mejorando la salud física y mental. Esto no sólo aumenta el bienestar de los trabajadores, sino que también reduce el número de trabajadores y mejora el entorno laboral general.

Actúe ahora: ¿Cómo crear un entorno emocionalmente seguro?
Gran pregunta: ¿Cómo se empieza a crear un entorno psicológicamente seguro dentro de su equipo o empresa? Aquí hay algunos pasos importantes que puede tomar ahora:

1. Fomente la comunicación abierta y abierta
La clave para la seguridad emocional es la apertura. Como líder, es importante mostrar vulnerabilidad. Comparta sus preguntas y desafíos. Asegúrese de que todos, incluidos los líderes, estén siempre aprendiendo. Cuando la gente ve que usted también es vulnerable, es más probable que comparta sus pensamientos y sentimientos.

2. Aprenda a escuchar activamente
El amor es un componente importante de la seguridad emocional. Practique la escucha activa: haga preguntas abiertas, reconozca lo que los demás están escuchando y asegúrese de que todos tengan la oportunidad de hablar. Escuchar sin juzgar es lo que más disfruta la gente.

Pagina 146

3. Celebrar el fracaso como oportunidad de crecimiento
El miedo al fracaso es uno de los mayores obstáculos en el entorno laboral. Cambie la narrativa: celebre el fracaso como una oportunidad para aprender y crecer. Cuando la gente sabe que el fracaso no será castigado, sino visto como una lección, la innovación y la experimentación se disparan.

4. Establezca estándares compartidos
Como equipo, es importante que establezcan estándares claros de respeto mutuo. Esto incluye respetar las opiniones de los demás, no tolerar insultos o faltas de respeto y brindar comentarios constructivos en lugar de destructivos.

5. Fortalecer la confianza y la transparencia
La confianza se construye día a día. Toma medidas concretas para demostrar tu compromiso con la seguridad psicológica: mantente abierto a las decisiones, escucha a tu equipo y demuestra que su bienestar es tu prioridad.

El cambio comienza ahora
No esperes más. Si quieres que tu equipo sea más creativo, más colaborativo, más feliz y más productivo, crear un entorno psicológicamente seguro no es una opción, sino una necesidad urgente. Las empresas que implementan este tipo de cultura son empresas líderes en el mercado, empresas de alto rendimiento y empresas que retienen la lealtad y el compromiso de los empleados.

El futuro de tu organización depende de la seguridad emocional y psicológica que puedas crear hoy. Comience ahora, dé el primer paso para cambiar su cultura y observe cómo su equipo se vuelve más fuerte y exitoso.

Toma acción: Crea seguridad psicológica y libera el potencial de tu equipo.

Pagina 148

James Lass

GESTIÓN DEL ESTRÉS Y LA RESILIENCIA DEL LÍDER

El Secreto Para Dominar la Adversidad y Elevar Tu Liderazgo

¿Cuál es la diferencia entre un jefe que se desmorona bajo presión y una persona que se fortalece bajo presión? ¿Por qué algunos líderes parecen prosperar ante la adversidad, mientras que otros colapsan en la tormenta? La respuesta no es magia ni suerte. Un producto muy potente, científicamente probado para todos: gestión del estrés y energía.

Imagínese como el líder de un equipo, enfrentado a decisiones difíciles, plazos interminables y altas expectativas. La presión continúa. Pero no cedas ante estas presiones, levántate, mantén la calma y lleva a tu equipo a la victoria. Este es el poder del jefe. Lo mejor de todo: este poder está dentro de ti, esperando ser desatado.

Hoy te voy a ayudar a cambiar de opinión. Disipamos conceptos erróneos comunes sobre el estrés y aprendemos cómo los mejores líderes del mundo superan el estrés y desarrollan resiliencia. Esto es más que un simple llamado a la acción; Un llamado repentino para cambiar la forma de liderar y enfrentar los desafíos con valentía inquebrantable.

Estrés: El enemigo oculto que puede hacerte grande o derribarte

Todos hemos oído que el estrés es malo, ¿verdad? Existe la creencia común de que el estrés es algo que se debe evitar, ya que puede reducir la productividad, la salud y la calidad de vida. Sorprendentemente, la verdad es que, si se maneja adecuadamente, el estrés puede conducir al éxito. El problema no es el estrés en sí, sino cómo lo afrontamos.

El cerebro humano está diseñado para afrontar el estrés. Cuando se enfrenta a la ira, el cerebro inicia la respuesta de lucha o huida, liberando cortisol y adrenalina, lo que aumenta la energía y genera energía. Este mecanismo de protección ha sido fundamental para nuestra supervivencia durante miles de años. Si se maneja adecuadamente, el estrés puede mejorar la toma de decisiones, aumentar la motivación y mejorar el desempeño.

¿Pero qué pasa cuando estás estresado? Si no sabemos cuidar de nosotros mismos, el estrés puede convertirse en fatiga, ansiedad y agotamiento mental. Un jefe que no sabe cómo manejar el estrés probablemente se enojará, tendrá conflictos y será improductivo. Aquí es donde entra la fuerza: la capacidad de recuperarse rápidamente de los problemas que surgen.

Resiliencia: El poder secreto de los grandes líderes

Práctica
La resiliencia es más que simplemente "superar" tiempos difíciles; es la capacidad de tener éxito a pesar de ello; La conclusión es que, al igual que el estrés, no es algo con lo que nacemos sino que se puede aprender. ¡Sí! Como líder, usted tiene la capacidad de tener confianza y ser eficaz.

Pagina 150

¿Cómo se desarrolla la resistencia? La neurociencia nos dice que el cerebro es plástico, lo que significa que puede cambiar con el tiempo. La sostenibilidad se crea mediante acciones y pensamientos. Un líder valiente no es alguien que nunca falla, sino alguien que se levanta después de caer. Los buenos líderes no evitan los problemas, sino que los capacitan para afrontarlos con sabiduría e inteligencia.

La sostenibilidad está impulsada por cuatro pilares clave:

Mentalidad de crecimiento: los líderes de sostenibilidad ven los desafíos como oportunidades de aprendizaje. Incluso si encuentran problemas, no culparán a cosas externas ni se rendirán. Creen que pueden aprender y cambiar con el tiempo. Estos pensamientos son una forma de afrontar la ansiedad crónica.

Emociones: La confianza comienza con conocer y comprender tus emociones. Un líder que conoce sus propios sentimientos internos puede controlar sus emociones y evitar que otros se preocupen por él.

Resiliencia psicológica: los líderes sostenibles cambian rápidamente. No seguirán el mismo camino ni se verán bloqueados por obstáculos. Como el agua: flexible, capaz de encontrar nuevos caminos y adaptarse a nuevas situaciones.

Apoyo social y redes de confianza: la resiliencia no se trata solo de trabajo. El apoyo de un equipo, mentor o círculo cercano es crucial para superar las dificultades. Los líderes confiados saben que no hay que avergonzarse de pedir ayuda.

Los increíbles beneficios del manejo del estrés y el mindfulness

1. Mejorar la toma de decisiones bajo presión
Los líderes que aprenden a manejar el estrés pueden tomar decisiones rápidas y efectivas bajo presión. Cuando el cerebro se ve privado de cortisol, tareas importantes como la toma de decisiones, la planificación y la toma de decisiones se vuelven más eficientes.

2. Mejorar la eficacia del equipo
Un líder seguro inspira a su equipo. Los miembros del equipo se sienten seguros y motivados cuando ven que sus líderes se mantienen fuertes y resilientes ante los desafíos. Un equipo cuyo líder está bajo presión constante es un equipo comprometido y productivo.

3. Mejorar la salud física y mental
El estrés crónico es el enemigo secreto de la salud. El manejo del estrés y el entrenamiento de fuerza no solo ayudan a mejorar el rendimiento sino que también reducen el riesgo de afecciones relacionadas con el estrés, como presión arterial alta, fatiga y ansiedad. Los líderes valientes viven vidas largas y saludables.

Los líderes valientes no se desaniman por el fracaso, sino que aprenden de él. Este crecimiento continuo fomenta una cultura de innovación en toda la organización. Los líderes fuertes fomentan la experimentación y están dispuestos a asumir riesgos calculados.

Llamado a la acción: ¡Convierte el estrés en poder!
El manejo del estrés y la resiliencia no son sólo habilidades opcionales; es la habilidad que separa a los buenos líderes de los grandes líderes. Si desea desarrollar

Pagina 152

su potencial como líder, es hora de actuar. El estrés puede ser tu peor enemigo, pero también puede ser tu mejor maestro. ¿Te atreverías a cogerlo y convertirlo en un arma poderosa?

Esto es lo que puedes hacer hoy:

Ejercita tu mente: practica meditación, atención plena o cualquier método que calme tu mente y reduzca el estrés.

Adopte una mentalidad de crecimiento: Cada obstáculo es una oportunidad. Aprenda de sus fracasos y utilice cada fracaso como una forma de mejorar.
Crea una red de apoyo: No enfrentes los desafíos y las dificultades solo. Pide a mentores, amigos y colegas que te ayuden a mantenerte firme.

Hacer del autocuidado una prioridad: La resiliencia es imposible sin salud física y mental. Haz ejercicio, come bien, duerme y lo más importante, cuida tu salud.
El futuro de tu liderazgo depende de tu capacidad para afrontar el estrés y recuperarte. No esperes más. Comienza a entrenar tu mente ahora para reprimir al oponente, no al enemigo. El líder que hay en ti está esperando ser despertado.

¡Despierta tu coraje y conviértete en el líder que tu equipo necesita!

CÓMO EL ESTRÉS AFECTA AL CEREBRO Y LA TOMA DE DECISIONES

Un Llamado a Liberar tu Potencial

El estrés, compañero constante en la vida moderna, tiene un poder negativo que muchas personas no comprenden. Lo vemos todos los días: el estrés nos rodea, nos consume y nos deprime. Pero ¿alguna vez te has parado a pensar en cómo el estrés afecta a tu cerebro y a tus decisiones?

He aquí una verdad impactante que nunca te han contado: el estrés no sólo empeora tu vida, sino que afecta tu capacidad para tomar decisiones efectivas. Pero si el líder no puede tomar decisiones claras y correctas, el futuro de su equipo y de su empresa estará en peligro.

Este no es un artículo sobre "manejo del estrés". Es una decisión difícil comprender cómo su cerebro puede verse afectado de maneras que no puede imaginar y cómo afecta su trabajo, su liderazgo y su vida. Pero lo más poderoso de todo esto es que puedes cambiarlo.

Hoy te mostraré cómo el estrés afecta el cerebro, por qué afecta la toma de decisiones y qué puedes hacer ahora mismo para cambiarlo y recuperar tu poder. Es hora de tomar el control.

Ansiedad: El enemigo invisible de las decisiones
Imagínate: estás en una gran reunión, hay una decisión importante sobre la mesa. El estrés comienza a aumentar:

Pagina 154

presión sobre los plazos, expectativas del equipo, incertidumbre sobre el resultado. Tu cerebro comienza a reaccionar. La amígdala, la pequeña parte del cerebro que controla las emociones y las respuestas a la vida, entra en acción.

El estrés activa la primera respuesta biológica: "luchar o huir". En ese momento, tu cerebro está listo para responder inmediatamente a la amenaza. Las hormonas del estrés, como el cortisol y la adrenalina, se liberan en su sistema. Le da fuerza a tu cuerpo para afrontar los problemas. Sin embargo, el precio de tal reacción es que elimina las partes principales de su cerebro, que son responsables de tomar buenas decisiones, planificar a largo plazo y pensar críticamente.

¿Qué sucede en el cerebro bajo estrés?
En momentos de estrés, tu cerebro entra en modo de "supervivencia". Esto significa que se inhiben las funciones más complejas y lógicas del cerebro, como la corteza prefrontal, responsable de la toma de decisiones, la autorregulación y la resolución de problemas. Mientras tanto, la amígdala, responsable de nuestras respuestas emocionales, toma el control.

Este cambio de prioridades tiene implicaciones importantes para la toma de decisiones. En lugar de considerar la mejor opción o considerar las consecuencias, tomas decisiones por miedo o pánico. ¿El resultado? Las decisiones irracionales, en lugar de avanzar, te mantendrán atrapado en un ciclo de estrés, reacción en lugar de estrategia.

Y eso no es todo. El estrés crónico daña el cerebro y afecta áreas relacionadas con la memoria y el aprendizaje. A largo plazo, el cerebro trabaja menos bajo estrés. Cada vez es más difícil tener una visión clara y tomar la decisión correcta.

Ciencia: Cómo las decisiones sabotean el estrés
Según estudios científicos, el estrés crónico puede reducir la capacidad de la corteza prefrontal para planificar, tomar decisiones a largo plazo y evaluar las opciones correctas. En cambio, las reacciones emocionales impulsan la toma de decisiones. Tu cerebro parece estar funcionando en modo automático, tomando decisiones aleatorias.

Aquí tienes una sorpresa: el estrés no sólo afecta tu toma de decisiones en tiempos de problemas. A medida que el estrés aumenta con el tiempo, la capacidad de pensar de forma clara y racional disminuye. Puede dar lugar a errores de juicio, decisiones precipitadas y falta de atajos. En resumen, el estrés le roba la capacidad de ser un líder estratégico eficaz.

Influencia directa en el liderazgo: ¿Cómo afecta tu decisión de actuar como líder?
Si eres un líder, el sentimiento será más profundo. Tus decisiones no sólo te afectan a ti, sino a todo tu equipo, tu empresa, tu organización. Un líder bajo presión no sólo toma buenas decisiones, sino que también las comunica a su equipo, lo que afecta a todo el proceso.

Preocupaciones que enfrentarás:

Evita tomar decisiones: El miedo a tomar decisiones equivocadas desaparecerá.
Toma de decisiones irracional: en lugar de considerar todas las opciones, confías en la velocidad y la presión.

Pagina 156

Reaccionar a las emociones: En lugar de reaccionar racionalmente, reaccionas basándose en el miedo o la excitación del momento.

No delegar bien: La microgestión de los líderes puede generar estrés, lo que reduce la creatividad y la fortaleza del equipo.

No sólo te enoja, sino que también provoca muchas malas decisiones y más estrés. Un líder que toma malas decisiones bajo presión pierde la confianza de su equipo, lo que aumenta el estrés del equipo y la incertidumbre general.

Solución: Cómo convertir el estrés en una herramienta para el éxito El estrés no es el enemigo. Si sabes gestionarlo, podrás utilizarlo como una herramienta rápida, productiva y bonita. Estos son los pasos principales para convertir el estrés en una herramienta para el éxito:

1. Respira profundamente y controla tu respuesta inmediata

La respiración profunda activa el sistema nervioso parasimpático, que busca aliviar el estrés. Respirar profundamente cuando esté estresado le ayudará a recuperar el control de su corteza frontal, lo que le permitirá pensar con claridad antes de tomar decisiones precipitadas.

2. Practica la atención plena para restaurar la paz interior

La meditación te permite estar presente y consciente sin pensar ni sentir. Esta práctica puede ayudarte a identificar reacciones emocionales antes de que se apoderen de ti, permitiéndote elegir una respuesta más estratégica.

3. Aprenda a compartir e inspirar a su equipo
Cuando estás bajo presión, es fácil improvisar. Pero los líderes eficaces delegan responsabilidades y confían en sus equipos. Delegar tareas libera tu atención, permitiéndote tomar decisiones importantes y reducir el estrés.

4. Tomar decisiones basadas en hechos en lugar de emociones.
Para evitar que esto suceda, asegúrese de tomar decisiones basadas en hechos e información objetiva en lugar de impulsos emocionales. Cree un proceso para revisar todas las opciones antes de tomar medidas.

5. Aceptación: aprender de los errores
Reconocer que los errores son parte del proceso de crecimiento es clave para reducir el estrés que causa miedo y ansiedad. Los líderes fuertes ven los fracasos como oportunidades de aprendizaje, no como amenazas.

¡Toma acción ahora y convierte el estrés en determinación!
El estrés no debería ser tu enemigo. Con las herramientas adecuadas, puedes controlarlo y utilizarlo a tu favor. Ahora que sabe cómo el estrés afecta su pensamiento y su toma de decisiones, tiene el conocimiento que necesita para actuar con claridad, confianza y estrategia.

Es hora de dejar de ser un imbécil y empezar a usarlo como una herramienta poderosa. Tome el control ahora: comience con la respiración profunda, la atención plena y la toma de decisiones consciente. Tu equipo, empresa y futuro te lo agradecerán..

Pagina 158

ESTRATEGIAS PARA MANTENER LA CALMA EN MOMENTOS CLAVE

El Poder Secreto de los Líderes Exitosos

¿Qué distingue a un líder excepcional de un líder promedio? ¿Es conocimiento? ¿Habilidades técnicas? Estos son tiempos importantes. Esos momentos de ansiedad en los que todo parece desmoronarse y la incertidumbre lo rodea todo. La diferencia clave entre los líderes exitosos y los que no lo son es su capacidad para mantener la calma.

¿Alguna vez has oído hablar de la trampa en problemas? La sensación de que el tiempo se detiene, las decisiones se vuelven difíciles, la mente comienza a dar vueltas y los pensamientos siguen chocando. Lo que muchos no se dan cuenta es que en situaciones como estas, mantener la calma no es sólo una cuestión emocional, sino una habilidad importante que se puede entrenar. Una vez que domines esta habilidad, serás un líder imparable.

Este blog comparte estrategias científicas y prácticas para mantener la calma cuando más importa y muestra cómo el poder de la calma puede transformar su capacidad para tomar decisiones, liderar equipos y lograr el éxito. Disiparemos creencias comunes sobre el estrés y la ansiedad y mostraremos que mantener la calma no es sólo un buen hábito, es una habilidad práctica que debes aprender a dominar. ¡Es hora de dar el siguiente paso hacia una mejor versión del administrador!

¿Por qué es tan difícil mantener la calma en una crisis?

. Antes de entrar en materia, es importante comprender por qué el cerebro humano pierde la calma en momentos de mucho estrés. La respuesta está en la neurociencia del estrés.

Cuando te enfrentas a un problema difícil, como una idea importante, un problema de negocios o una decisión importante, tu cerebro cobra vida. La amígdala, la parte del cerebro que se activa cuando hay peligro, envía señales al cuerpo para que se prepare para "luchar o huir". La corteza prefrontal, el área responsable de la planificación y la toma de decisiones racionales, sufre porque el cerebro prioriza la supervivencia sobre la toma de decisiones.

Este proceso biológico es completamente normal. Es un legado vivo. Sin embargo, lo que mucha gente no sabe es que puedes entrenar tu cerebro para que no permita que este comportamiento controle tu comportamiento.

Estrategias clave para mantener la calma: deje que su mente lidere frente a los desafíos
Si desea liderar con confianza y eficacia, debe aprender a manejar la presión. Aquí ofrezco estrategias prácticas que no sólo te calmarán en situaciones difíciles, sino que también te ayudarán a tomar decisiones rápidas, inteligentes y prácticas.

La respiración profunda es una forma sencilla y eficaz de restaurar la calma en momentos estresantes. Cuando el estrés activa la amígdala, tu cuerpo se inunda de adrenalina y cortisol. La respiración profunda contrarresta este proceso calmando los nervios y activando la corteza prefrontal, la parte del cerebro responsable de la toma racional de decisiones.

Pagina 160

¿Cómo estás? Prueba la técnica 4-7-8:

Inspira durante 4 segundos
Aguanta durante 7 segundos.
Respira lentamente durante 8 segundos
Este sencillo ejercicio puede hacerte cambiar de opinión por completo y ayudarte a pensar con claridad en la tormenta.

En lugar de preocuparte por lo que podría salir mal, la meditación te devuelve al momento presente, permitiéndote tomar decisiones basadas en la realidad en lugar del miedo o nociones preconcebidas.

¿Cómo aplicarlo? Trate de observar sus pensamientos y sentimientos sin juzgarlos. Si te sientes cansado, despierta y acepta tus sentimientos en lugar de dejar que ellos controlen tus acciones. Este simple acto de conciencia puede suprimir la respuesta de lucha o huida del cerebro.

Cambia tu actitud: convierte el miedo en acción
El miedo es la principal causa de estrés en tiempos difíciles. Pero el miedo no es real, es la idea que tiene tu cerebro de lo desconocido. Cambiar tu forma de pensar significa cambiar la historia que tienes en mente: en lugar de ver un problema como una amenaza, empiezas a verlo como una oportunidad para crecer, innovar o aprender algo nuevo.

Practica esto: Siempre que te encuentres en un momento difícil, pregúntate: "¿Qué puedo aprender de esto? ¿Cómo puedo crecer a partir de esta experiencia?" Al cambiar tu forma de pensar, conviertes el miedo en poder.

La Mente de un Líder

Técnica del árbol de decisiones
Los momentos de incertidumbre a menudo están rodeados por una nube de elecciones y decisiones. La técnica del "árbol" es una forma sencilla de visualizar y organizar el proceso de toma de decisiones. Anotar las opciones y soluciones le ayudará a aclarar el panorama y encontrar un camino a seguir.

¿Cómo funciona? Dibuja un árbol de decisión con posibles ramas. Mientras analizas cada uno, anota los resultados y evalúa los pros y los contras. Esta práctica descompone el estrés en pasos manejables, reduciendo la sensación de agotamiento.

5. Desarrollar la resiliencia: aprender de cada error
Los grandes lideres no siempre fracasan, sino que aprenden de sus fracasos y se fortalecen. La paciencia te ayuda a mantener la calma incluso cuando las cosas van mal. Cada pregunta es una lección para el futuro.

Acción: Siempre que encuentres un problema, detente a reflexionar sobre lo que has aprendido. Elimina el estrés y permite que tu mente se concentre en aprender y no en el miedo.

6. Confía en tu equipo: El trabajo en equipo genera estrés
Los momentos estresantes no deben afrontarse solo. Permitir y confiar en su equipo no solo reduce su carga emocional sino que también aumenta el trabajo en equipo y la productividad. Confiar en los demás puede ahorrarle estrés innecesario y permitirle concentrarse en lo que es importante.
Consejo: asegúrese de que su equipo sepa que pueden confiar en usted y en los demás. La confianza te permite mantener la calma en cualquier situación.

Pagina 162

Increíbles beneficios de estar tranquilo

1. Mejora la toma de decisiones: Cuando estás tranquilo, tus prejuicios se activan y tu capacidad para pensar y pensar racionalmente mejora.

2. Reducir el estrés crónico: Estar tranquilo puede reducir el cortisol, mejorando tu salud y bienestar a largo plazo.

3. Habilidad creativa: Los líderes silenciosos tienen la capacidad de tomar decisiones rápidas y efectivas, haciendo que el proceso sea más rápido y eficiente.

4. Mantén tu actitud fuerte: Cuando mantengas la calma en los momentos importantes, serás fuerte y tendrás confianza en tu capacidad para afrontar cualquier desafío.

¡Es hora de trabajar!

Lo que acabas de leer es más que una teoría; Es un camino imparable hacia el liderazgo. Siempre que te enfrentes a un momento crítico, recuerda que la paciencia es una habilidad que se puede desarrollar. Esto no es un lujo, sino una estrategia importante para la buena toma de decisiones, el liderazgo y el éxito.

¡Ahora es el momento de implementar estas ideas! La próxima vez que te encuentres con estrés, no dejes que éste te controle. Respira hondo, mantén la calma y convierte el estrés en tu mejor amigo.

Tu futuro liderazgo comienza ahora.

CULTIVAR LA RESILIENCIA COMO LÍDER

Tu Superpoder Secreto

¿Sabías que tu capacidad para volver a levantarte después de una caída es más importante que el número de caídas? En el mundo del liderazgo, el éxito no se mide por los logros, sino por la fortaleza que muestras ante el fracaso, el desafío y la adversidad.

Ahora probablemente estés pensando: "¡No soy Superman!" ¿Cómo puedes mantenerte fuerte cuando todo está roto?" La verdad es que la perseverancia no es un talento que nace, sino una habilidad que todos podemos cultivar. La buena noticia es: una vez que la desarrolles, tus habilidades de liderazgo serán imparables.

Hoy te mostraré cómo obtener el poder no solo para sobrevivir en tiempos estresantes, sino también para estar vivo, inspirar a tu equipo y lograr el éxito con el que otros solo sueñan. A lo largo del camino, desafiamos algunas creencias comunes y revelamos los secretos científicos detrás de cómo el cerebro y el cuerpo nos ayudan a superar obstáculos. Entonces, si está listo para cambiar su liderazgo, siga leyendo. ¡La resiliencia no es una opción, es una necesidad para el verdadero éxito!

¿Qué es la resiliencia?
No se trata de poder resistir la adversidad ni soportar las penalidades. Es más que eso. La capacidad de adaptarse, crecer y fortalecerse con cada desafío. Un líder fuerte no es alguien que no puede fallar, sino alguien que se

levantará y regresará más fuerte, más brillante y más fuerte que nunca.

¿Pero cómo podemos construir nuestra propia resistencia? Primero, debemos comprender cómo funciona nuestro cerebro cuando enfrentamos desafíos.

La ciencia de la resiliencia: cómo el cerebro supera la adversidad

El cerebro humano está diseñado para superar desafíos. Cuando experimentamos ira o estrés, el cerebro activa la amígdala, que controla la respuesta de lucha o huida. Este es un mecanismo genético de supervivencia que nos hace responder a la adversidad. Sin embargo, cuando el estrés persiste, tu capacidad para tomar decisiones acertadas se ve afectada y tu cerebro comienza a entrar en un estado de agotamiento mental y fatiga.

Aquí es donde entra en juego la magia de resistencia. Tu cerebro tiene una capacidad asombrosa para adaptarse y renovarse, llamada neuroplasticidad. A medida que enfrentas y superas desafíos, tu cerebro reorganiza las conexiones para hacerte más fuerte. Esto significa que cada crisis no sólo te enseña algo importante, sino que también te prepara mejor para el futuro.

El cerebro no sólo puede afrontar el estrés, sino que también puede aprender a afrontarlo mejor y afrontar situaciones difíciles con el tiempo. Lo más importante es que la resiliencia es el resultado de entrenar tu mente para ser más fuerte en cada desafío.

Desafiando las creencias comunes sobre el bienestar

La Mente de un Líder

Muchas personas creen que estar sano significa no experimentar dolor ni estrés. Pero esto no es cierto. La resiliencia no es la ausencia de dolor, sino la capacidad de afrontar el dolor y seguir adelante. Un líder fuerte no es aquel que no tiene miedo, sino aquel que actúa a pesar del miedo.

Otro mito es la resiliencia. Pero no se trata de ser "indestructible", se trata de flexibilidad, adaptabilidad y capacidad de aprender de cada experiencia. De hecho, los líderes más fuertes son los humildes que reconocen sus debilidades y utilizan esas lecciones para crecer en lugar de ocultarlas.

La resiliencia no es algo que se tiene, es algo que se cultiva.

5 estrategias para desarrollar la mente de un líder
Si quieres ser un líder fuerte, la buena noticia es que puedes entrenar tu cerebro para que sea más fuerte cuando enfrentes desafíos. A continuación presentamos cinco estrategias clave para lograr precisamente eso.

1. Desarrollar una mentalidad de crecimiento.
Pensar es la clave para la supervivencia. Cuando tu mente está estancada, crees que tienes poca capacidad para manejar el estrés o superar los desafíos. Pero si adopta una mentalidad de crecimiento, verá cada desafío como una oportunidad para aprender y mejorar. No te veas como alguien que se ve afectado por las circunstancias, sino como alguien que tiene la capacidad de adaptarse, aprender y seguir adelante.

¿Cómo lo implementas? Siempre que enfrente un desafío, hágase esta pregunta: "¿Qué puedo aprender de

Pagina 166

esto? ¿Cómo podemos mejorar nuestro enfoque en el futuro?" Esta mentalidad te empoderará y te ayudará a concentrar tu energía en soluciones en lugar de problemas.

2. Fortalece tu psicología.
Los líderes fuertes controlan sus emociones. No se trata de reprimir tus emociones, sino de comprenderlas y gestionarlas adecuadamente. La inteligencia emocional te permite reconocer cuándo te está afectando el estrés y tomar medidas para evitarlo.

Práctica: Escribe una lista diaria de tus emociones. Piensa en el momento más estresante de tu día y pregúntate: "¿Por qué soy así?". "¿Cómo puedo manejar mejor estas situaciones?" La inteligencia emocional te permite actuar de forma controlada en lugar de reacciones impulsivas.

3. Construya una red de apoyo
Nadie puede ser líder solo. Ser resiliente no significa hacerlo todo uno mismo. Los líderes fuertes se rodean de un equipo de mentores, colegas leales y un equipo dedicado que los apoya. Estas personas no sólo le brindarán apoyo emocional, sino que también le brindarán información valiosa y soluciones creativas en las que quizás no haya pensado.

Consejo: Haga de la colaboración una parte central de su liderazgo. Date cuenta de que las fortalezas de tu equipo son tus fortalezas.

4. Enseñar compasión y flexibilidad
Los líderes sensibles saben que no deben juzgar su valor. El amor propio es clave. Permítete cometer errores y ser tu mejor amigo en lugar de autodestruirte. La simplicidad

también es importante. En lugar de darse por vencido cuando las cosas no salen según lo planeado, corrija el rumbo y encuentre nuevas soluciones.

5. *Consejo:* Cuando enfrentes un fracaso, repítete a ti mismo: "El fracaso es normal. Aprenderé de él y seguiré adelante con más sabiduría". El ejercicio regular, una dieta saludable, suficiente descanso y atención plena pueden hacer mucho por tu mente y tu cuerpo. Estos hábitos pueden reducir los efectos del estrés y brindarle la fuerza que necesita para mantenerse fuerte durante los momentos difíciles.

No subestimes el poder de una buena noche de sueño o una corta caminata para despejar tu mente. Su resiliencia depende de su salud física y mental.

El coraje no es opcional: es la clave de tu éxito
Como líder, el coraje es la habilidad que te separa de la mediocridad. Te da la fuerza no sólo para superar los desafíos, sino también para prosperar en ellos. Desarrollar la resiliencia te permite tomar decisiones claras, generar confianza en tu equipo y ser fuerte en cualquier situación.

Si está listo para cambiar su estilo de liderazgo, aplique estrategias proactivas hoy. El camino hacia el éxito está lleno de desafíos, pero cada obstáculo es una oportunidad para mostrar tu fuerza interior.

¡Es hora de levantarse y liderar con valentía! El próximo desafío será tu oportunidad de brillar. Tu éxito comienza ahora.

Pagina 168

James Lass

EL IMPACTO DE LA CULTURA CORPORATIVA EN EL CEREBRO

Cómo Transformar tu Empresa desde el Interior

¿Alguna vez te has preguntado por qué algunas empresas siempre parecen dar el siguiente paso mientras otras luchan por mantenerse en el negocio? La respuesta no está sólo en los números o en la estrategia empresarial. Es una de esas cosas más profundas que no vemos a menudo: la cultura corporativa.

Pero no "valores de letras" ni incentivos de palabras en el corredor. Una cultura colaborativa tiene un impacto directo y mensurable en la química de nuestro cerebro y, a su vez, en nuestro desempeño, salud y, lo más importante, en el funcionamiento general de la familia. ¿Por qué? Porque el cerebro humano está conectado con el medio ambiente y la sociedad. Y lo que ocurre en la cultura de una empresa pasa en la cabeza de cada empleado.

Hoy os traigo algo nuevo: la cultura corporativa no sólo determina el éxito de la empresa, sino que también moldea el cerebro de sus empleados. Desde el proceso de toma de decisiones, el proceso de resolución de problemas y el proceso de innovación. Prometo que los resultados durarán más de lo que crees.

¿Qué es la cultura corporativa y por qué es tan poderosa?

. La cultura pública no es sólo una colección de valores o una imagen del cuerpo. Más que eso. Es un conjunto de creencias, comportamientos y sentimientos que permean todas las acciones y toma de decisiones dentro de una organización. La cultura, ya sea consciente o inconsciente, es el entorno emocional y social en el que operamos todos los días.

Aquí es donde entra en juego la neurociencia. El cerebro humano está diseñado para adaptarse y responder al medio ambiente. Cada vez que interactuamos con nuestra pareja, recibimos información emocional que activa importantes funciones cerebrales relacionadas con el estrés, la recompensa, la motivación y la empatía.

Imagínese trabajar en una empresa con una cultura que promueve la competencia feroz, la crítica destructiva y el enfoque en los resultados. Tu cerebro siempre está en alerta máxima, liberando hormonas del estrés como el cortisol. Esto no sólo daña tu salud mental, sino que también reduce tu capacidad para tomar buenas decisiones, te hace trabajar más duro y reduce tu capacidad de innovar.

Por otro lado, en una cultura positiva, inclusiva y cooperativa donde la confianza es la norma, el cerebro tiene altos niveles de oxitocina, la "hormona de la confianza". Esto te hace sentir seguro, más creativo y, sobre todo, dispuesto a compartir tus ideas y asumir riesgos relacionados con la innovación.

¿Cómo actúa la cultura corporativa en el cerebro?
. El cerebro, una maravilla biológica, es muy plástico. Esto significa que nos adaptamos y cambiamos según nuestras experiencias. Y las emociones de nuestra cultura

laboral tienen un impacto directo en cómo nuestro cerebro se comunica y responde a los problemas.

Una cultura de confianza = más creatividad y toma de decisiones efectiva
Cuando te sientes seguro en tu lugar de trabajo, tu cerebro libera oxitocina, que se asocia con la confianza y la empatía. La oxitocina promueve la cooperación y reduce el miedo, abriendo el camino a la creatividad y la innovación.

Los empleados que trabajan en un entorno en el que se sienten apoyados y confiables tienen más probabilidades de enfrentar desafíos, compartir ideas sin temor a ser juzgados y trabajar juntos de manera efectiva. Esto se traduce en una mejor toma de decisiones porque no se dejan paralizar por el miedo al fracaso. Es una buena manera: un buen ambiente crea un cerebro productivo, lo que genera buenos resultados para la empresa.

Cultura competitiva tóxica = estrés crónico y mala toma de decisiones
Por el contrario, si trabajas en un entorno competitivo y el miedo a cometer errores está en el aire, tu cerebro está en el mecanismo de defensa, libera la hormona cortisol. Este estrés crónico reducirá tu capacidad para tomar buenas decisiones porque tu cerebro está más centrado en la salud que en el pensamiento.

A largo plazo, el estrés crónico puede provocar fatiga física y mental, reducción de la fertilidad y decisiones ilimitadas por miedo o ansiedad. Tu creatividad muere y la creatividad se convierte en un proceso peligroso, lleno de tensión interna. La libertad se pierde porque la mente no está abierta al cambio, está cerrada al miedo.

Cultura colaborativa = mayor inteligencia y mejores resultados

Los equipos que trabajan en un entorno colaborativo siempre funcionan mejor. En este entorno se produce un aumento de la producción de dopamina en el cerebro de los trabajadores, lo que aumenta el comportamiento social positivo y hace que las personas se sientan recompensadas por trabajar juntas.

Una cultura colaborativa que sea inclusiva y respetuosa mejora la inteligencia de los líderes y miembros del equipo. Esto aumenta la empatía, la capacidad de responder a las opiniones de los demás sin reaccionar y la resolución constructiva de conflictos. Como resultado, el equipo se siente conectado y motivado para lograr sus objetivos.

Contrariamente al sentido común: la cultura no es un 'bonus'

La cultura compartida no es un 'extra' ni un 'bonus'. Esta es el alma de tu negocio. Y no, no puedes dejarlo al azar. La cultura tiene un impacto directo en la salud mental y emocional de sus empleados. Y aquí hay una gran revelación: la cultura afecta la salud mental y la productividad. Si desea que su equipo se desempeñe al más alto nivel, debe invertir en una cultura que promueva la confianza, el trabajo en equipo y el bienestar emocional.

De hecho, las investigaciones muestran que las empresas que crean entornos inspiradores, inclusivos y emocionalmente seguros son un 30% más productivas, un 40% menos rentables y un 50% más innovadoras que las empresas con culturas tóxicas o apáticas.

Pagina 172

Cómo cambiar la cultura empresarial: actúe rápido

Si se ha convencido de que la cultura tiene un impacto real en la forma de pensar de su equipo, es hora de actuar. Aquí hay tres pasos clave para cambiar la cultura de la empresa desde dentro:

Generar confianza y comunicación abierta

Un lugar donde los empleados puedan expresar sus opiniones e inquietudes sin temor a ser juzgados. La comunicación abierta y transparente promueve la confianza y la cooperación, que son elementos esenciales de un entorno emocionalmente seguro.

Cooperación mutuamente beneficiosa, no sólo competencia

Cambiar "todos para todos" por "en beneficio de todos". Fomenta la cooperación, la colaboración y la construcción de relaciones dentro de la empresa. Asegúrese de celebrar el éxito como equipo, no como individuos.

Invertir en salud emocional y mental

Ofrezca programas de bienestar para ayudar a sus empleados a controlar el estrés y mantener un equilibrio emocional saludable. Un cerebro sano es un cerebro productivo, y una cultura que apoya el bienestar de los empleados se traduce en innovación y desempeño.

La cultura corporativa no es una cuestión trivial: es su activo más valioso

Hoy aprendió que la cultura corporativa no es una "capa adicional" de buen valor. Es la fuerza invisible que da forma a la mentalidad y el desempeño de su equipo. Si no lo hace, perderá una oportunidad de oro para transformar su empresa.

Bueno, es hora de actuar. Su empresa tiene una gran oportunidad esperando a abrirse, y esa oportunidad comienza con la creación de una cultura que no se trata sólo de los números, sino del cerebro humano que lo hace posible.

¡Haz de tu cultura corporativa un potente motor de innovación, colaboración y excelencia! Su equipo y su empresa se lo agradecerán.

Pagina 174

CÓMO EL ENTORNO AFECTA NUESTRAS CONEXIONES NEURONALES

La Ciencia que Puede Cambiar tu Vida

¿Sabías que tu entorno tiene el poder de cambiar la forma de tu cerebro? Lo que parece difícil o poco claro es la ciencia que respalda la neurociencia. El lugar donde trabaja, las personas con las que trabaja e incluso las cosas más pequeñas de su vida diaria pueden cambiar su cerebro de maneras que no puede imaginar.

Este es un hecho sorprendente, pero te desafío a que pienses en algo importante: puedes controlar tu entorno para utilizar las capacidades de tu cerebro de manera ilimitada. Y lo que sucede en tu cerebro afecta todo: tu rendimiento, tu creatividad, tu inmunidad, tu capacidad para tomar decisiones y sobre todo tu felicidad y salud.

¡Hoy veremos cómo el entorno puede cambiar la forma de su red y cómo usted puede utilizar esta poderosa información para cambiar su vida y su trabajo!

El cerebro: un organismo simple y llanamente
Permítanme abordar primero una creencia. El cerebro no es un órgano permanente. Durante mucho tiempo se creyó que las conexiones neuronales del cerebro permanecen intactas en la edad adulta. ¡es una leyenda! El cerebro es muy plástico, lo que significa que puede cambiar, adaptarse y cambiar a lo largo de la vida.

Esta capacidad se llama neuroplasticidad y por ello nuestro cerebro no sólo responde a lo que aprendemos, sino que también se adapta al entorno. Lo que ves, oyes, tocas, hueles y, sobre todo, las emociones que experimentas, afectan el crecimiento de tus neuronas y sus conexiones. El mundo virtual tiene el poder de reescribir las conexiones en el cerebro.

¿Cómo funciona este proceso?
El cerebro humano está formado por miles de millones de neuronas interconectadas que utilizan señales y señales eléctricas. Gracias a estas relaciones, podemos aprender, responder preguntas, gestionar emociones y desarrollar habilidades. Pero, curiosamente, estas relaciones no duran mucho.

Cuando vives en un entorno positivo y rico, lleno de desafios mentales y de salud, tu cerebro se vuelve más conectado. Se desarrollan las redes neuronales, aumentan las capacidades cognitivas, mejora la memoria y aumenta la creatividad.

Por otro lado, si estás rodeado de un entorno negativo o estresante, tu sistema nervioso puede debilitarse, tus capacidades cognitivas se detendrán y tu cerebro entrará en un ciclo de autodefensa. El estrés prolongado, el abandono o la falta de energía pueden dañar las células e impedir el crecimiento de nuevas neuronas.

Un entorno positivo: tu motor de neuroplasticidad
Un entorno positivo hace crecer el cerebro. ¿Qué implica un ambiente saludable? Todo lo activo y constructivo alimenta tu mente:

Relaciones Saludables: El cerebro humano prospera cuando está rodeado de relaciones de apoyo. La oxitocina, conocida como la "hormona del amor", se libera cuando nos conectamos bien con los demás, creando un ambiente seguro. Esta interacción no sólo mejora tu salud emocional, sino que también facilita el aprendizaje y la toma de decisiones.

Estimulación de problemas: un cerebro amante de los problemas lo mantiene enfocado y motivado. El estrés y las experiencias positivas que experimentamos cuando superamos un problema o aprendemos algo nuevo activan partes del cerebro asociadas con la resolución de problemas, la innovación y la creatividad.

Entorno rico: un entorno estimulante donde puede adquirir nuevas ideas, aprendizajes y experiencias que apoyan el desarrollo del cerebro. El aprendizaje continuo (ya sea a través de libros, clases o conversaciones profundas) conduce a la creación de nuevas redes que conectan la mente y la desarrollan.

Meditación y recreación: El cerebro también necesita tiempo para relajarse. Un entorno que favorezca la meditación, el descanso adecuado y la relajación permite que el cerebro se recupere, lo que mejora el pensamiento y la toma de decisiones.

Los efectos de un mal ambiente: disminución de la capacidad cerebral
Por otro lado, un mal ambiente te ralentiza y afecta la salud de tu cerebro más de lo que crees. Hay muchas razones para estos efectos:

Estrés crónico: El estrés crónico aumenta el nivel de cortisol en el cuerpo, lo que inhibe la neuroplasticidad. Demasiado cortisol puede dañar las células cerebrales en áreas clave como el hipocampo, lo que afecta la memoria, el aprendizaje y la toma de decisiones.

Ambiente Tóxico: Una relación tóxica o un ambiente laboral negativo genera estrés y desconfianza. Esto inhibe la capacidad del cerebro para pensar con eficacia y eficiencia, por lo que opta por ser impulsivo y defensivo. En lugar de crear nuevas conexiones, el cerebro permanece en un estado constante de alerta.

Falta de estimulación mental: El cerebro necesita nuevas experiencias y desafíos. Si no coincide con lo que te motiva o inspira, entra en modo automático y se "sale", perdiendo la capacidad de adaptarse a nuevas situaciones o aprender cosas nuevas.

El poder de cambiar tu entorno para cambiar tu cerebro
Entonces, ¿cómo puedes utilizar esta poderosa información a tu favor? La solución es sencilla pero fundamental: proteger el medio ambiente y trabajar por tu propio bien. Aquí hay algunas actividades importantes que cambiarán tu cerebro a través del entorno:

Rodéate de personas positivas y que te apoyen: construye relaciones que alimenten tus pensamientos y sentimientos. Las personas que te rodean tienen una gran influencia en la estructura de tu cerebro.

Busca retos que te saquen de tu zona de confort: no tengas miedo de afrontar nuevos retos, aprender cosas nuevas o asumir responsabilidades que te obliguen a crecer. El cerebro necesita desafíos para crecer.

Cree un entorno físico estimulante: ya sea en casa o en el trabajo, asegúrese de que su entorno sea visualmente estimulante y lo inspire a trabajar, aprender y pensar creativamente. El diseño, el color, la luz natural y la textura pueden hacer maravillas en tu cerebro.

Prioriza el descanso y la relajación: Tu cerebro necesita tiempo para descansar y reagruparse. La meditación, el descanso adecuado y el contacto con la naturaleza pueden ayudar a restaurar la salud del cerebro.

Actúe ahora: cambie su entorno para cambiar su vida
Este no es un consejo completo. Este es un plan científico que se puede aplicar de inmediato. Su entorno no sólo influye en usted, sino que puede ser su socio más fuerte en su desarrollo personal y profesional. Si desea optimizar su cerebro para el éxito, el primer paso es cambiar su entorno. Tu cerebro tiene un potencial ilimitado, sólo necesita el entorno adecuado para hacer su trabajo.

Es momento de cuidar tu entorno. Recuerda: el cerebro afecta no sólo lo que haces, sino también cómo vives tu vida. Cambia tu entorno y cambiarás tu vida.

DISEÑANDO CULTURAS ORGANIZACIONALES QUE FAVOREZCAN EL CRECIMIENTO

La Clave para el Éxito Sostenible

En una economía global cambiante, el crecimiento no es una opción, es una necesidad. Esta es la verdad que pocas personas quieren escuchar: la clave para el éxito a largo plazo no está en las estrategias individuales, sino en la cultura organizacional que se crea. Si su organización no está diseñada para respaldar el crecimiento, no importa qué tan bueno sea su producto o qué tan talentoso sea su equipo. No puedes ir demasiado lejos.

¿Por qué la cultura organizacional es el motor que impulsa el crecimiento? La cultura es algo cotidiano porque no está inscrita en los valores de una empresa. Es el entorno afectivo, emocional y laboral en el que los empleados se comunican, aprenden, innovan y se desarrollan. La cultura de su organización es la base para el desarrollo de la creatividad, la motivación y el éxito.

Ahora piensa si puedes mejorar esta cultura. Imagínese si pudiera crear un entorno en el que todos se sintieran inspirados, desafiados y alentados a alcanzar su potencial. Esto no es sólo un sueño, es un hecho científicamente comprobado que puedes realizar hoy.

¿Por qué la cultura es más importante que nunca?
desafía la idea de que las empresas pueden crecer únicamente a partir de ideas y visiones. Por supuesto, es importante tener una visión clara y una buena estrategia,

pero no pueden alcanzar su potencial sin el apoyo de una cultura que fomente la innovación, el aprendizaje y la colaboración.

La neurociencia nos enseña algo poderoso: el cerebro humano aprende, se adapta y crece en el entorno adecuado. Esto se aplica no sólo a los individuos sino también al cerebro colectivo de una organización. Cuando las personas sienten que están en un entorno que valora las pruebas, los errores y el aprendizaje continuo, el resultado es el crecimiento tanto de los individuos como de las organizaciones.

Investigación sobre el desarrollo del crecimiento
¿Sabías que las empresas que fomentan el crecimiento y el aprendizaje tienen empleados más comprometidos, creativos y felices? Esta es la neurociencia de la colaboración: cuando se crea un entorno donde las personas pueden aprender sin miedo al fracaso, sus cerebros activan áreas relacionadas con la recompensa. Es decir, tienen pensamientos positivos que fomentan la motivación y las ganas de seguir aprendiendo y creciendo.

Esto se debe a que la oxitocina (la "hormona del amor" o la hormona de la comunicación) aumenta en las personas en un entorno donde se valora la cooperación. Esta sustancia química en el cerebro promueve la cooperación y la confianza en un equipo. Por el contrario, un entorno que fomenta la competencia intensa o el miedo al fracaso aumentará la hormona del estrés, el cortisol, inhibiendo la creatividad, la innovación y la productividad.

5 consejos para crear una cultura organizacional para el crecimiento

¿Alguna vez te has preguntado cómo puedo transformar mi organización en un lugar para el crecimiento regular? La respuesta es clara: empiece por crear una buena cultura. Aquí te dejamos 5 consejos basados en investigaciones y experiencia que puedes utilizar de inmediato:

1. Crear un entorno de aprendizaje permanente
El aprendizaje nunca debe detenerse. Hacer del aprendizaje permanente una prioridad. Proporcione capacitación periódica, comentarios interesantes y oportunidades para fomentar una mentalidad de crecimiento. Los empleados deben sentir que tienen la oportunidad de cometer errores y aprender sin miedo a ser juzgados o fracasar.

La investigación respalda esta idea: cuando las personas tienen la oportunidad de cometer errores y aprender de ellos, se sienten más fuertes y, por lo tanto, se vuelven más innovadoras y activas. Es una cultura que fomenta la creatividad y la excelencia.

2. Construir colaboración, no equipos competitivos
Es hora de acabar con el mito de que sólo los "competidores" pueden lograr grandes cosas. El verdadero poder de una organización está en los grupos que se apoyan unos a otros y comparten conocimientos.

La neurociencia lo confirma: cuando las personas trabajan juntas, sus cerebros se conectan mejor, creando una sinergia que sería imposible en un entorno competitivo. La colaboración desata la creatividad colectiva y permite que cada miembro contribuya con sus fortalezas de maneras únicas.

Pagina 182

3. Confía en la columna vertebral de tu cultura organizacional

Nada obstaculiza más el crecimiento que la duda. No hay innovación sin confianza. Cuando las personas sienten que pueden generar un impacto sin temor a ser juzgadas o rechazadas, se produce daño psicológico y el cerebro se abre a nuevas posibilidades.

Promover la ética, la apertura y el respeto. La neurociencia muestra que un ambiente religioso reduce el estrés, aumenta la productividad y fomenta el sentido de pertenencia, aumentando así la lealtad y el compromiso.

4. Considera el fracaso como parte del camino hacia el éxito

Si no hay trabajo, no hay crecimiento. Celebre las lecciones en lugar de castigar los errores. Dejemos que el fracaso se convierta en el trampolín hacia el éxito futuro.

Cuando las organizaciones pueden evitar errores, el cerebro se vuelve inmune a los efectos psicológicos del miedo. Los empleados se sienten más seguros al asumir riesgos calculados que pueden conducir a descubrimientos significativos y sin precedentes. El miedo al fracaso es el mayor enemigo del éxito.

5. Mejorar la salud general de los empleados

El estrés crónico y las enfermedades mentales son los enemigos silenciosos del crecimiento. Sin tener en cuenta la salud física y mental de los empleados, la cultura organizacional no alcanzará su potencial.

La participación en los servicios de salud, la provisión de trabajo flexible y la creación de un entorno adecuado para el equilibrio entre el trabajo y la vida personal son importantes. Recuerda, es fundamental una mente descansada y sana, creativa y colaborativa.

Actúe ahora: la forma en que necesita crecer está en sus manos
Imagine una organización donde cada miembro del equipo se sienta apoyado, valorado y capacitado para alcanzar su máximo potencial. ¿Puedes ver cómo esta cultura de crecimiento puede transformar tu empresa? Ésta no es una visión a largo plazo ni una elección estratégica; Ésta es la clave para un éxito continuo y generalizado.

La mejor parte: está al alcance de tu mano. Como líder, usted es el creador de la cultura de su organización. Si actúa ahora y comienza a diseñar una cultura que valore el aprendizaje, la colaboración, la confianza y la innovación, estará en el camino más importante hacia un crecimiento sostenible e interminable.

No te lo pierdas. El futuro pertenece a quienes construyen una cultura organizacional basada en el crecimiento sostenible. ¿Estás listo para comenzar este viaje? Es hora de hacer que su hábito funcione para usted.

Pagina 184

LA NEUROCIENCIA DEL RECONOCIMIENTO Y LA MOTIVACIÓN

El Secreto para Desatar el Potencial Humano

Imagine un mundo en el que cada miembro de su equipo se sienta lleno de energía y su motivación aumente con el simple hecho de reconocer sus fortalezas. ¿Qué pasaría si supieras que no se trata sólo de un toque emocional, sino de los neuroquímicos que podrían transformar tu negocio? Sí, la neurociencia del reconocimiento es tan compleja que puede marcar la diferencia entre un equipo normal y un equipo imparable.

En un lugar de trabajo donde las expectativas son altas y la competencia feroz, el reconocimiento genuino no es sólo un gesto amable: es la clave para desatar una energía ilimitada en su equipo. Y lo más importante: todo está en tus manos.

Si cree que el reconocimiento es una estrategia divertida y beneficiosa para los empleados, piénselo de nuevo. La aceptación está estrechamente relacionada con la motivación y la motivación, a su vez, es un poderoso impulsor del desempeño y la excelencia. ¿Quieres saber cómo? Aquí te lo contamos usando el método científico.

El poder de la persuasión: la ciencia detrás de la motivación

La motivación humana está impulsada por sistemas cerebrales complejos, pero el sistema de recompensa es clave. Cuando conocemos a alguien, el cerebro libera sustancias químicas importantes como la dopamina y la oxitocina. Estos neurotransmisores, llamados hormonas, afectan directamente nuestras emociones. La dopamina nos motiva a seguir actuando porque nos proporciona placer y satisfacción. Una vez más, la oxitocina nos hace sentir conectados y parte de un grupo.

Ahora piensa que cada vez que alguien de tu equipo hace un esfuerzo, tú realmente lo agradeces. El reconocimiento activa ciertas partes del cerebro que se activan por recompensa o recompensa física. Esto no sólo mejorará su actitud actual, sino que también aumentará su voluntad de seguir participando. El cerebro busca más recompensas de este tipo, creando un ciclo de autorrefuerzo.

Pero aquí está la clave: el reconocimiento genuino tiene un impacto más duradero que las afirmaciones automáticas de "buen trabajo". El reconocimiento personal y personal crea grandes recompensas cerebrales, empoderando a los empleados a un nivel que nunca imaginaste.

¿Por qué la persistencia anónima no es suficiente?
El cerebro humano está diseñado para buscar recompensas. Si un empleado trabaja horas extras o se esfuerza demasiado para ser reconocido, su cerebro no obtiene el reconocimiento que necesita. Con el tiempo, esto puede hacerte sentir cansado, irritable y perder energía. El reconocimiento no sólo proporciona una gratificación instantánea, sino que también alinea los objetivos individuales y de la empresa, creando objetivos comunes que fortalecen las relaciones.

¿Qué pasa cuando las personas no son reconocidas? No saber activa la amígdala, la parte del cerebro asociada con el miedo y la ansiedad. Si estas cosas suceden fuera de control, pueden provocar depresión, ansiedad y agotamiento emocional que afecten su desempeño.

Habilidades de liderazgo cognitivo: resultados materiales directos

Los líderes eficaces son sensibles al poder de la obediencia. La neurociencia ha demostrado que los líderes que reconocen y celebran los logros de su equipo no sólo mejoran la moral, sino que también aumentan la productividad y la creatividad. Un miembro motivado del equipo se siente valorado y apreciado por un equipo cuyo trabajo está comprometido a promover los objetivos de la organización.

Imagine que sus empleados se despiertan cada día con un propósito claro, sabiendo que sus esfuerzos serán notados, apreciados y recompensados. ¿No es esa la mejor manera de aumentar la innovación, la productividad y la satisfacción laboral?

La aceptación es la llave que mueve el motor
Sólo decir "gracias" no es suficiente. Para aprovechar al máximo el potencial de su equipo, el reconocimiento debe ser preciso, específico y oportuno. Aquí hay estrategias basadas en la neurociencia que puede poner en práctica de inmediato:

1. Identifique la motivación, no los resultados
La motivación depende no sólo del desempeño, sino también de la acción. Cuando un empleado es reconocido por su continuo esfuerzo, incluso si los resultados no son buenos, una sensación de satisfacción se apodera de su cerebro. La aceptación crea un deseo de seguir

mejorando porque el cerebro asocia el esfuerzo con la recompensa.

2. Sea personal y específico

Las "buenas obras" generales no afectan la aprobación personal. Reconocer las acciones especiales de un miembro no sólo demuestra que te preocupas, sino que también activa la actividad cerebral asociada con el aprecio genuino. "Estoy realmente impresionado con cómo manejaste este problema" es más poderoso que "buen trabajo".

Reconocer públicamente sus fortalezas refuerza la creencia de que la empresa valora el trabajo bien hecho. Sin embargo, es importante no exagerar porque cuando la valoración parece falsa o exagerada, puede perder su poder.

3. Sea oportuno: no espere demasiado

El cerebro responde mejor a las recompensas inmediatas. El reconocimiento inmediato después de un gran esfuerzo proporciona retroalimentación inmediata, refuerza la conducta y aumenta la probabilidad de que se repita en el futuro. No esperes una semana para darte cuenta de tus logros, hazlo ahora.

4. Crear un ambiente de confesión continua.

Incorpore el cumplimiento en la cultura de su organización para que se convierta en un hábito diario, un comportamiento que todos en la organización siguen.

Tome acción hoy: Desbloquee el poder de su equipo con talento

No permita que su equipo fracase ni se sienta invisible. El poder de la verificación está en tus manos. Cambia el

Pagina 188

juego y haz de tu equipo un motor de energía, creatividad y productividad reconociendo los esfuerzos de tu equipo.

El reconocimiento es la llave que abre la puerta a un gran trabajo. Si quieres un equipo comprometido, dedicado y siempre enfocado en la calidad, comienza a utilizarlos hoy. No dejes que tu equipo espere por valor y satisfacción. ¡Actúa ahora y crea una cultura motivadora que transformará tu empresa!

INNOVACIÓN Y CREATIVIDAD EN EL LIDERAZGO

El Poder de Pensar Fuera de lo Común

¿Alguna vez te has preguntado qué separa a los grandes líderes de los líderes promedio? La respuesta está en la creatividad y la innovación. Si cree que la innovación es responsabilidad de equipos de investigación o departamentos técnicos, se equivoca. La creatividad no es un lujo; Este es un requisito importante para el liderazgo moderno.

En el vertiginoso mundo empresarial, donde la competencia no sólo está en su ciudad sino en todo el mundo, el liderazgo técnico no es una opción: necesita sobrevivir, prosperar y destacar. Lo más importante es que todos tenemos la capacidad de desarrollar la creatividad. La clave es comprender cómo funciona el cerebro humano y cómo aprovechar su potencial infinito para generar visión, creatividad y éxito.

Este blog es un desafío a las creencias comunes. Si alguna vez pensaste que la creatividad era cosa de artistas, diseñadores o inventores, estás equivocado. El buen liderazgo es un trabajo en progreso. Hoy quiero mostrarte cómo la ciencia de la tecnología puede cambiar tu camino como líder y ayudarte a alcanzar el éxito.

Creatividad: El poder oculto de los líderes exitosos
¿Sabías que el cerebro está diseñado para crear? Desde el momento en que nacemos, nuestra mente busca constantemente nuevas conexiones, ideas y soluciones. El verdadero problema no es que no produzcamos, sino que la mayoría de los líderes no saben cómo producir.

Cuando los líderes se enfrentan a decisiones difíciles o tiempos inciertos, la tecnología es un salvavidas. Las mejores ideas no provienen de fuentes fijas, fijas o predecibles. La innovación se nutre de la incertidumbre y el caos controlado. Las mentes más creativas son aquellas que saben lidiar con la ambigüedad, que pueden ver oportunidades donde otros ven obstáculos.

El cerebro se activa de maneras complejas cuando nos enfrentamos a problemas. Las áreas del cerebro responsables de la resolución de problemas son las mismas áreas que se activan cuando se generan nuevas ideas. Esto significa que los momentos más difíciles pueden ser los de mayor riqueza artística. El estrés parece

Pagina 190

fomentar nuevas formas de resolver problemas y, en este entorno, el cerebro no tiene más remedio que pensar fuera de sus límites normales.

El cerebro artificial: más allá de lo simple
La neurociencia nos dice que el cerebro es increíblemente flexible: su capacidad para cambiar, cambiar y crear nuevas conexiones es infinitamente sorprendente. Esto significa que todos, independientemente del puesto o situación, podemos entrenar nuestra mente para ser más creativos.

El cerebro no es un órgano fijo. El pensamiento divergente se activa ante un nuevo problema o desafío, y es el proceso de generar múltiples ideas desde cero. Esta actitud está en el corazón de la innovación. Como líder, su capacidad para fomentar y adoptar este tipo de ideas en su equipo puede diferenciarlo del resto.

Nuevos poderes en el liderazgo
La innovación no se trata sólo de buenas ideas o cosas; También significa en una cultura organizacional ágil y flexible. Los líderes inteligentes no sólo piensan diferente, sino que crean un ambiente que invita a todos a participar en el pensamiento crítico.

Los líderes en innovación son creadores de nuevas oportunidades. En lugar de dar respuestas predeterminadas, haga preguntas poderosas que le ayudarán a ver cosas nuevas. Son líderes que derriban barreras mentales, desafían a sus equipos a ir más allá de los caminos tradicionales, exploran lo desconocido y utilizan la capacidad intelectual para crear ideas disruptivas.

El cerebro de un líder creativo: ¿Cómo funciona?
Cuando lideras con pasión, desarrollas una mente abierta que está estrechamente relacionada con la neuroplasticidad. Cada vez que superas tus límites, ya sea tomando una decisión difícil, usando una nueva estrategia o reinventando la rueda, activas una parte de tu cerebro llamada corteza prefrontal.

Esta área del cerebro es responsable de planificar, tomar decisiones y resolver problemas complejos. Cuanto más lo utilices, más poderoso se vuelve, permitiéndote tomar decisiones más rápidas, adaptarte mejor al cambio y desarrollar una perspectiva más amplia.

Tres formas de desbloquear los intereses de liderazgo
Si desea cambiar su estilo de liderazgo y aumentar la efectividad de su equipo, es hora de tomar algunas medidas serias respaldadas por la neurociencia. ¡Las actualizaciones están a solo un paso de distancia!

1. Conferencias desafiantes: Salir de la zona de confort
La creatividad crece cuando te alejas de las soluciones estándar. Como líder, necesitas salir de tus rutinas diarias y exponer a tu equipo a nuevas experiencias, proyectos y tareas que los desafíen a pensar de manera diferente. Cuando el pensamiento humano deja de repetirse, se vuelve más inteligente. Se recomienda intentarlo, aunque el fracaso es opcional. Los errores son artefactos del arte.

2. Piense en la cooperación: Crea un espacio donde las ideas puedan fluir libremente. Fomentar la colaboración intersectorial y el debate constructivo es esencial para el desarrollo de ideas transformadoras. Diferentes equipos con diferentes ideas y motores de creatividad imparables.

Pagina 192

3. Que el fracaso sea un trampolín hacia el éxito
La creatividad requiere coraje. Como líder, debes cambiar la narrativa del fracaso. Cada intento fallido debe verse como una oportunidad de aprendizaje, no como algo de lo que avergonzarse. El cerebro aprende mejor cuando se enfrenta a obstáculos porque activa áreas del cerebro asociadas con la resiliencia y el pensamiento crítico. Anime a su equipo a intentarlo y, si los resultados no cumplen con sus expectativas, considere el "fracaso" como un paso hacia la innovación.

Actúa ahora: ¡Es hora de demostrar tus habilidades como líder!
La innovación y la creatividad no son propiedad de unos pocos privilegiados: todos podemos desarrollarlas. Si quieres ser el líder que tu equipo necesita, es hora de actuar. Deja de esperar a que sucedan cosas y comienza a crear tu futuro hoy.

No subestimes el poder de la neurociencia creativa. Si puedes reconocer cómo reacciona tu cerebro y el de tu equipo ante nuevos desafíos e ideas, estarás un paso por delante de la competencia. La innovación no es sólo una ventaja competitiva, es el cambio que su empresa necesita para destacarse en el mercado global.

¡Es hora de cambiar tu liderazgo! No pierdas la oportunidad de desbloquear el potencial ilimitado de tu mente, tu equipo y tu equipo.

LA RELACIÓN ENTRE NEUROCIENCIA Y CREATIVIDAD

¡Desbloquea Tu Potencial Infinito!

La creatividad no es un rompecabezas reservado a unos pocos artistas o expertos. NO La creatividad es una habilidad que todos tenemos. Pero lo que muchos no saben es que detrás de toda creatividad hay una compleja danza de actividad cerebral que, comprendida y aplicada, puede transformar tu vida personal y profesional.

Hoy Te desafiaré a pensar diferente, a romper las barreras mentales que te dicen que "no eres lo suficientemente creativo" o "la creatividad sólo está en manos de los elegidos". La neurociencia nos dice lo contrario. Nos dice que todos tenemos el poder de crear porque el cerebro humano está diseñado para innovar, combinar ideas de maneras únicas y, lo más importante, reprogramarse a sí mismo.

. Si alguna vez has pensado que la creatividad no tiene sentido, es inalcanzable o está reservada sólo al pensamiento "artístico", es hora de pensarlo de nuevo. La neurociencia de la creatividad ha abierto nuevas puertas para comprender cómo funciona el cerebro humano durante nuevas ideas, nuevas soluciones y, lo más importante, cómo podemos nutrir este proceso creativo. Y lo más importante: todos podemos entrenarlo.

La ciencia del cerebro creativo: ¿cómo funciona?
. La creación no es un don de Dios. Es una habilidad cerebral que se puede entrenar y mejorar. El cerebro

Pagina 194

humano tiene una capacidad neuronal asombrosa, lo que significa que puede integrar información y adaptarse a nuevas formas de pensar a lo largo de su vida.

Ante un problema o la necesidad de encontrar una nueva solución, funcionan varias partes del cerebro:

corteza frontal: Es la encargada de tomar decisiones, planes y pensar con claridad. Esta es la parte del cerebro que funciona cuando necesitas pensar diferente, es decir, cuando necesitas pensar en varias ideas o soluciones a un mismo problema.

Lóbulo Temporal: Este lóbulo es importante para procesar recuerdos y emociones y juega un papel importante en la creatividad al permitir la integración de ideas en diferentes áreas. La relación única entre ideas es donde nacen nuevas ideas.

El sistema límbico: El cerebro emocional, fuente de motivación. La creatividad muchas veces surge del deseo, del sentimiento de resolver algo o de crear algo nuevo. Cuanto más involucrado emocionalmente estés en un proyecto, más creativo podrás volverte.

El Cerebro Social: La creatividad también está relacionada con nuestras relaciones. El cerebro humano está diseñado para trabajar en conjunto. En un entorno que fomenta la colaboración, se pueden generar nuevas ideas compartiendo ideas y creando un espacio seguro para las ideas.

El poder de la neuroplasticidad: redescubriendo su mente creativa

El concepto de neuroplasticidad es uno de los descubrimientos más apasionantes de la neurociencia moderna. Se refiere a la capacidad del cerebro para adaptarse, adaptarse y cambiar patrones a lo largo de la vida. Esto significa que, independientemente de tu edad o antecedentes: puedes entrenar tu cerebro para que sea creativo.

Piensa en tu cerebro como una red de caminos. Cada vez que tienes una nueva idea, una nueva idea o una nueva solución, creas un nuevo camino emocional. Cuanto más practiques el pensamiento creativo, más fácil será el proceso. De hecho, cuando te encuentras con un problema o problema, tu cerebro primero busca la red, pero si no hay suficiente comunicación, el cerebro crea otras nuevas.

La creatividad no es sólo pensar: es conectar.

La creatividad no es sólo pensar en algo nuevo. Es la capacidad de establecer conexiones extrañas entre cosas aparentemente no relacionadas. Cuanto más practiques haciendo conexiones, más fácil le resultará a tu cerebro desarrollar nuevas ideas.

La neurociencia nos muestra que la creatividad florece cuando estás en un estado de relajación o "flujo", cuando dejas de pensar y permites que tu cerebro se libere de las limitaciones del pensamiento lineal. Esto se debe a que cuando descansas, tu cerebro puede acceder a diferentes recuerdos y crear nuevas asociaciones. Deja que tu mente divague, explora sin límites. La creatividad surge cuando no hay limitaciones.

Creando el paraíso: resolución de problemas y rompiendo las reglas

El cerebro necesita energía para aprender a hacer nuevas conexiones. Retos y experiencias únicas abren el camino a nuevas formas de pensar. Esto es lo que los líderes creativos hacen todo el tiempo: desafían sus zonas de confort, rompen sus reglas intelectuales y se atreven a enfrentar lo desconocido.

Un entorno dinámico y flexible que fomente la exploración es un gran caldo de cultivo. Las investigaciones científicas han demostrado que cuando una persona se siente psicológicamente segura, cuando no tiene miedo al fracaso, su cerebro abre nuevas formas de pensar. El miedo y la rigidez sofocan la creatividad, pero la confianza y el ingenio la desbloquean.

Cambie su creatividad: actúe ahora

Si desea dar rienda suelta a su creatividad, debe comenzar hoy. La neurociencia lo tiene claro: la creatividad no es algo con lo que nacemos, es algo que desarrollamos. Lo que es aún más sorprendente es que tu cerebro responde más rápido cuando practicas pensar fuera de lo común.

Te invito a presentarte a cosas nuevas, romper tus barreras mentales y dejar que tu cerebro cambie solo. Desafía tus creencias sobre lo que puedes lograr. Haga las preguntas difíciles. Investigación. Lo más importante es que no tengas miedo de fracasar. Cada error es una oportunidad para crear una nueva red.

Es hora de liberarte de tus limitaciones y abrir la puerta a la creatividad. El cerebro humano es tu mejor amigo. Usa tu infinita creatividad y convierte cada idea en una habilidad.

TÉCNICAS PARA FOMENTAR IDEAS INNOVADORAS EN EQUIPOS

¡Desata el Poder Creativo de Tu Equipo Hoy!

¿Y si convirtieras cada reunión de trabajo en una fábrica de buenas ideas, un lugar donde las soluciones fluyen fácil e imperceptiblemente? ¿Qué pasaría si pudieras desbloquear los secretos dentro de tu equipo y desatar la creatividad y la colaboración que cambiaron la dirección de tu equipo?

Te diré un hecho innegable: la innovación no es un regalo para unos pocos privilegiados, sino una habilidad que cualquier grupo puede desarrollar, fortalecer y fortalecer. El cerebro humano está diseñado para crear cosas nuevas, pero a menudo el entorno laboral y la dinámica social obstaculizan este flujo de conocimiento. Es hora de cambiar esto.

Hoy te mostraré cómo despertar el pensamiento creativo en tu equipo, desafiar creencias compartidas y brindarte estrategias respaldadas por la neurociencia para liberar el potencial creativo de todos los miembros de tu equipo. La innovación no sólo es posible, sino necesaria para el éxito y el crecimiento de una organización.

Mitos comunes sobre la innovación
Primero, abordemos algunos mitos comunes que pueden impedir que un equipo lo haga:

Mito 1: "La innovación es sólo para expertos". No se trata de que se nos ocurra una idea brillante de la nada, se trata de poder hacer conexiones inusuales, algo de lo que todos somos capaces si trabajamos en el entorno adecuado.

Mito 2: "La innovación ocurre automáticamente". El cerebro humano necesita un entorno específico para generar nuevas ideas. Si no sabes cómo crear este espacio, el flujo creativo fracasará.

Mito 3: "Cuantas más ideas, mejor". A veces, un pequeño cambio en la forma de pensar de un miembro del equipo puede abrir la puerta a una solución que nunca creyó posible.

El secreto de la innovación: fomentar el flujo del pensamiento
La neurociencia ha descubierto algo muy poderoso: el cerebro humano es altamente adaptable. Esto significa que siempre que se creen las condiciones adecuadas, se pueden entrenar y modificar para desarrollar habilidades. ¿Qué lograr? A continuación se presentan algunas estrategias basadas en la ciencia del cerebro que pueden transformar su organización en un lugar sostenible para la innovación.

1. Cree un espacio emocionalmente seguro
La clave para desbloquear la creatividad de su equipo no es tener una gran idea, sino crear un espacio seguro

donde las personas se sientan cómodas compartiendo ideas, incluso si parecen locas o aterradoras. Cuando el grupo está seguro, se activan las partes del cerebro asociadas con el pensamiento creativo.

La neurociencia nos dice que el miedo al rechazo o al fracaso activa la amígdala (la parte del cerebro que controla las respuestas al miedo), inhibiendo así la creatividad. Por el contrario, cuando los miembros del grupo se sienten apoyados y aceptados, el cerebro pasa a la libertad cognitiva. Esto es algo que su equipo debería considerar sin restricciones.

2. Fomentar la diversidad de conocimientos
La creatividad no surge de la unidad de pensamiento, sino de la diversidad de pensamiento. Los mejores equipos son aquellos en los que personas de diferentes orígenes, habilidades y perspectivas se unen para resolver problemas. Cuando trabajas con personas que tienen estilos e ideas diferentes, tu cerebro comienza a hacer conexiones extrañas.

Fomentar diferentes perspectivas. Permita que cada miembro del grupo comparta sus ideas y haga preguntas que desafíen la sabiduría convencional. La neurociencia dice que el cerebro se ilumina cuando encuentras estímulos nuevos y diferentes, cuantas más conexiones neuronales haya, lo que conduce a un pensamiento más inteligente.

El pensamiento divergente es un proceso en el que el cerebro crea múltiples formas de resolver un solo problema. Muchas ideas nuevas surgen de la capacidad de pensar más allá de los límites tradicionales. Para

Pagina 200

fomentar este tipo de pensamiento, es importante realizar ejercicios que vayan en contra de la norma.

Consejo: Piensa sin juzgar.

3: Clásico, pero con una novedad: en lugar de comprobar las ideas a medida que surgen, anímelas a que tengan sentido. Cada idea, por extraña que sea, debe ser respetada. El cerebro creativo funciona mejor cuando no se siente juzgado. Deja que tus pensamientos fluyan sin interrupción. Luego podrás descargar lentamente los más prometedores.

Enfoque sugerido: "¿Qué pasa si
Haga preguntas persuasivas que abran nuevas posibilidades. Por ejemplo, "¿Qué pasa si no tenemos una manera?", "¿Qué pasa si todo lo que sabemos está mal?" o "¿Qué pasa si esto es ¿Algo completamente diferente?"

4. Incubación: Dale tiempo al cerebro para trabajar
Una de las formas más sorprendentes en que el cerebro crea nuevas ideas es a través del proceso de incubación. Esto sucede cuando permites que tu cerebro "descanse" de los problemas y permites que los pensamientos sigan formándose en tu mente inconsciente.

Tu cerebro no es inútil cuando no piensas profundamente en las respuestas. En cambio, funciona en segundo plano, procesando información y buscando patrones. Durante este período, las conexiones neuronales se fortalecen y la creatividad emerge de forma natural. Eso es lo que hacen los grandes líderes: dan espacio para pensar y permiten que surjan nuevas ideas, en lugar de forzarlas.

5. Fomente la colaboración abierta y fluida

La creatividad prospera en un entorno abierto y colaborativo donde las ideas fluyen libremente y las personas no tienen miedo de ofrecer sus ideas no estructuradas. El cerebro humano brilla cuando puede compartir ideas en un entorno colaborativo.

Una técnica eficaz es utilizar grupos de discusión, donde cada grupo complementa al otro. Cuando se comparte información, se crean relaciones creativas. Crear un ambiente donde todos tengan voz y las ideas no sean rechazadas sino adoptadas.

6. Aceptar el fracaso como parte del proceso

El miedo al fracaso es una de las mayores barreras a la innovación. El cerebro debe tener miedo de conectarse con nuevas ideas. Fácil y cómodo, no requiere curva de aprendizaje. Permita que su equipo cometa errores, porque cada error es un paso más hacia la innovación.

Qué hacer: Transformar su organización hacia la innovación

La innovación no es algo que sólo unos pocos pueden lograr. Esta es una habilidad que cualquier equipo puede lograr si se crean las condiciones adecuadas. Como líder, su trabajo es crear un entorno que desafíe la sabiduría convencional, dé la bienvenida a ideas diferentes, celebre los errores y, lo más importante, capacite a su equipo para pensar sin límites.

Es hora de liberar el potencial creativo de tu equipo, desafiar lo que pensabas que era posible y cambiar tu perspectiva sobre las novedades. Lo que hagas es sólo el primer paso y tu cerebro te lo agradecerá.

Pagina 202

¡Toma acción ahora y comienza a formar un equipo imparable de expertos!

CÓMO SALIR DE PATRONES DE PENSAMIENTO LIMITANTES

Desbloquea Tu Potencial Ahora

¿Alguna vez te has sentido atrapado en un ciclo de pensamientos que te impiden avanzar? Los pensamientos que te dicen: "No estoy listo", "No tiene sentido" o "No puedo hacerlo", parecen tan ciertos, tan naturales, que a menudo no los molestamos si te los cuento. son simplemente tontos? Puedes cambiarlos, puedes deshacerte de ellos y desbloquear posibilidades ilimitadas de éxito, felicidad y crecimiento personal.

Hoy te llevaré a un viaje al interior de tu cerebro. Nuestro objetivo es arrojar luz sobre los secretos de los factores limitantes, descubrir cómo limitan su potencial y brindarle las herramientas científicas y prácticas que necesita para superarlos. La neurociencia ha demostrado que puedes reconfigurar tu mente. Pero necesitas saber cómo hacerlo y, lo más importante, puedes empezar hoy.

¿Qué es el retraso mental?
Los pensamientos limitantes son creencias profundamente arraigadas que tenemos sobre nosotros mismos, los demás o el mundo que nos dicen lo que podemos y no podemos hacer. Estas ideas no son ciertas, son una mala interpretación de la realidad. El problema

no es que esos pensamientos existan, sino que sin cuestionarlos seguimos actuando como si así fuera.

Un ejemplo común de razonamiento deductivo es una frase como:

"No sé cómo".
"Siempre fallo, así que no vale la pena intentarlo".
"Aquí es donde vivo, no puedo cambiarlo".
¿Por qué son fuertes? Porque el cerebro humano está programado para buscar coherencia, encontrar formas de repetir y validar lo que ya cree. En resumen: a nuestro cerebro le encanta la familiaridad, incluso si eso nos frena.

La ciencia detrás del control: ¿Por qué nuestros cerebros están tan programados?
¿Sabías que la neurociencia ha demostrado que el retraso mental se basa en procesos físicos y mentales en el cerebro? Todo lo que pensamos, creemos y experimentamos deja una huella en nuestra neurobiología. Estos procesos se denominan conexiones neuronales. Las conexiones nerviosas son las vías del pensamiento en el cerebro. Cuanto más se repite un pensamiento, más fuerte es la conexión.

Los procesos emocionales relacionados con la autocrítica o el miedo al fracaso, por ejemplo, se refuerzan cada vez que piensas negativamente sobre ti mismo. Crea vías bien definidas en el cerebro, lo que hace que sea más fácil pensar en lo mismo una y otra vez. El problema es que estas carreteras se vuelven transitadas con el tiempo. Su cerebro comienza a utilizar estos atajos de manera inconsciente, aumentando los sentimientos de insuficiencia o miedo al fracaso.

Pagina 204

Pero aquí está lo bueno: tu cerebro es plástico, hay algo que se llama neuroplasticidad. En resumen, significa que puedes cambiar de rumbo y crear nuevas relaciones que promuevan buenas ideas, inspiren y empoderen.

Cómo leer la mente: estrategias basadas en la neurociencia

1. Presta atención y cuestiona tus pensamientos
El primer paso es identificar estos patrones limitantes. Pasa por aquí y mira lo que piensas. ¿Cuál es el pensamiento automático que te viene a la mente cuando te enfrentas a un problema? ¿Qué te dices a ti mismo cuando piensas en un nuevo proyecto o logras una meta?

Haga la pregunta importante: ¿Es cierta esta idea? La ciencia demuestra que nuestras creencias limitantes son malas interpretaciones. Estos no son hechos, sino suposiciones basadas en el miedo y en experiencias pasadas. Preguntar y cuestionar estos pensamientos es como poner algunos frenos a tu increíble camino. Haga esto todos los días y descubrirá que estos pensamientos no tienen mucho poder sobre usted.

2. Redefinir tu historia personal: del "no puedo" al "sí puedo"
Es muy importante cambiar la forma en que te hablas a ti mismo. El diálogo interno negativo conduce a un estilo disminuido. La investigación en neurociencia muestra que las historias internas juegan un papel importante en cómo percibimos nuestras habilidades y potencial. Si sigues diciéndote a ti mismo que no puedes hacerlo, tu cerebro empieza a pensar que es verdad.

La clave es reemplazar estos pensamientos con algo positivo y alcanzable. No se trata de crear algo que no es cierto, sino de centrarte en tus puntos fuertes y en lo que has conseguido hasta ahora. Escribe tu historia. En lugar de pensar "No puedo hacerlo", puedes comenzar con algo como "He superado problemas antes y sé que puedo hacerlo de nuevo".

3. Practicar la meditación y la meditación
La meditación y la meditación son herramientas poderosas para eliminar los pensamientos limitantes. La ciencia lo demuestra: la meditación activa la corteza prefrontal, el área del cerebro responsable del pensamiento racional y el autocontrol. Esto te ayudará a romper el ciclo de pensamientos negativos y dar el paso de mirarlos sin juzgarlos.

En la práctica, la meditación te enseña a ser más consciente de tus pensamientos y a decidir lo que necesitas saber. Si surge un pensamiento limitante, en lugar de dejar que te controle, puedes dejarlo ir y elegir un pensamiento mejor. .
bien. La gratitud es una de las mejores maneras de lograrlo.

Practica la gratitud todos los días. Reconoce tus logros, por pequeños que sean. Esto ayuda al ciclo de recompensa del cerebro, liberando dopamina, un neurotransmisor que produce motivación y sensación de bienestar. Cuando se concentra en su éxito, está desarrollando nuevas estrategias que lo ayudarán a enfrentar los desafíos futuros con confianza.

Pagina 206

4. Cíñete a ello: ajusta tu forma de pensar mediante la repetición
La clave para cambiar tus hábitos de pérdida de peso es la perseverancia. Cuando utilice estas técnicas, será más fácil desarrollar nuevos hábitos mentales. No busques resultados instantáneos, pero si no cambias, verás el comienzo de nuevas conexiones neuronales en los lugares antiguos.

Recuerda, la neuroplasticidad significa que puedes reconfigurar tu cerebro. Es trabajo duro, paciencia y perseverancia.

¡Es hora de actuar!
Ahora que sabes cómo deshacerte de los pensamientos negativos, es hora de poner en práctica lo que has aprendido. Rompe las cadenas que te frenan, conéctate con tu cerebro y libera el potencial infinito que espera ser desatado.

Esto no es una opción, te vas mañana. Cada día es genial. Cada pensamiento que cambias, cada acción que realizas para desafiar tus creencias limitantes, es una forma de cambiar. No dejes que el miedo, la duda o la inseguridad te gobiernen nuevamente.

¡Actúa ahora! ¡Empiece a tomar control de sus pensamientos hoy y vea la diferencia que hará en su vida!

HERRAMIENTAS PRÁCTICAS PARA EL LÍDER NEUROCONSCIENTE

Conquista Tu Mente, Conquista Tu Equipo

Muchos líderes piensan que para tener éxito deben confiar en sus habilidades, años de experiencia o incluso en su pasión. Pero hoy quiero desafiarte a pensar diferente. El verdadero liderazgo no está en lo que sabes hacer, sino en cómo sabes liderar tu corazón y el de tu equipo. Esto es lo que caracteriza a un líder neuroconsciente: alguien que comprende el poder de su cerebro y utiliza este conocimiento para tomar decisiones más inteligentes, conectarse con su equipo y liderarlo.

¿Puedes salir de la cultura tradicional y tener una visión positiva? Si es así, este blog es para ti.

Hoy les presentaré una herramienta útil basada en la investigación de la neurociencia que puede cambiar su forma de liderar y cambiar la forma en que trabaja todo su equipo. Es hora de mejorar tus posibilidades y aprender a ser un líder que todos admiran y siguen. Y lo mejor de todo es que puedes empezar ahora.

¿Qué es un líder racional?
Antes de sumergirnos en las herramientas, es importante comprender lo que significa ser un líder eficaz. Un líder en neurociencia no es sólo alguien que tiene

conocimiento sobre el cerebro humano, sino que sabe cómo las estructuras cerebrales afectan la toma de decisiones, la motivación y las relaciones personales, y el desempeño organizacional.

La guía neuroconsciente utiliza los principios de la neurociencia:

Manejar el estrés de manera efectiva.

Toma una decisión sabia en tu corazón.
Impulsa la creatividad y el crecimiento de tu equipo.
Crear culturas organizacionales que promuevan la colaboración y el bienestar.
Construir relaciones con todos los miembros del equipo.
Este enfoque no solo mejorará su desempeño como líder, sino que transformará el lugar de trabajo, aumentará la productividad, motivará y retendrá el talento.

Herramientas para ayudar al líder profesional
Ahora que sabe qué es un líder inteligente, exploremos algunas herramientas y técnicas de investigación que puede comenzar a utilizar hoy para llevar su liderazgo al siguiente nivel.

1. Inmunidad: la clave para la toma de decisiones
En un mundo distraído, la capacidad de controlar tus pensamientos es fundamental. Los estudios han demostrado que la atención plena activa el área del cerebro responsable de la toma de decisiones racional. Un líder neuroconsciente entiende que su mente es su mayor activo, por lo que aprende a centrarse en lo importante.

¿Cómo llegar? Practica la atención plena o la escucha con pensamiento pleno. El simple proceso de no centrarse en el presente le permite comprender eventos pasados y tomar decisiones basadas en información en lugar de emociones. La meditación mejora la función de la corteza prefrontal, el centro del pensamiento y la toma de decisiones. Al entrenar tu mente para estar presente, desarrollas tu capacidad para tomar decisiones rápidas y precisas incluso en tiempos de crisis.

2. *Neuroplasticidad*: reprogramando tu cerebro para el éxito ¿Sabías que puedes volver a entrenar tu mente para convertirte en un mejor líder? Si, en lugar de repetir pensamientos tan limitados, decides crear un nuevo cerebro que quiera liderar, el cambio será beneficioso.

¿Cómo estás? Desafía los límites de tus creencias. Si piensa "no soy un buen líder" o "no soy creativo", cambie esa afirmación. Empiece a centrarse en sus éxitos, por pequeños que sean, y celebre cada paso hacia su progreso. La repetición de pensamientos positivos y positivos aumenta la capacidad del cerebro para relacionarse con el éxito, la motivación y la confianza en uno mismo. A través de la repetición, nuevas vías neuronales se fortalecen y eventualmente se convierten en una nueva forma de pensar.

3. Y las investigaciones lo respaldan: cuando muestras empatía, abres partes del cerebro que afectan directamente las emociones, la confianza y la conexión. Un líder neuroconsciente comprende que la colaboración es esencial para la productividad y el valor.

¿Cómo se utiliza? Empiece por escuchar atentamente a su equipo. No sólo para escuchar sus palabras, sino

Pagina 210

también para comprender sus deseos. Utilice preguntas abiertas y dé a las personas espacio para expresar sus opiniones. Haga contacto visual, utilice gestos de apoyo y muestre agradecimiento por sus desafíos y éxitos. Esto crea un entorno seguro y colaborativo donde las personas quieren compartir sus ideas e inquietudes.

4. Maneje el estrés: Mantenga la calma
El estrés es uno de los mayores enemigos de la buena toma de decisiones. Un líder neuroconsciente sabe que el estrés afecta directamente a su cerebro y limita su capacidad para pensar con claridad y tomar las decisiones correctas. Pero también sabes que el estrés es inevitable. Lo más importante es aprender a controlarlo.

¿Cómo llegar? Respire profundamente cuando sienta que aumenta la ansiedad. La respiración profunda activa el sistema parasimpático, que se encarga de calmar el cuerpo y reducir el estrés. Respire 4-7-8, inhale durante 4 segundos, contenga la respiración durante 7 segundos y exhale lentamente durante 8 segundos. Este sencillo ejercicio puede reducir la actividad de la amígdala, la parte del cerebro responsable de las reacciones emocionales. tomar las decisiones más adecuadas.

5. Retroalimentación positiva: Fomentar el comportamiento positivo
La retroalimentación positiva es una herramienta efectiva para mejorar la motivación y el desempeño de su equipo. La neurociencia ha demostrado que el refuerzo positivo activa los centros de recompensa del cerebro y libera dopamina, el neurotransmisor del placer y la motivación.

¿Cómo implementar? Asegúrese de dar comentarios rápidos y específicos. Aprecia el trabajo de tu equipo, no sólo el final. Al hacer esto, reforzará los comentarios positivos y aumentará la productividad, la creatividad y el compromiso.

¿Estás listo para ser el líder neuroconsciente que tu equipo necesita?
Convertirse en un líder neuroconsciente no es solo una tendencia, es una revolución en el liderazgo. ¿Te atreves a desafiar el status quo y utilizar tu capacidad intelectual para lograr resultados inesperados?

Hora de trabajar. Comience a implementar estas herramientas hoy y vea cómo responde su equipo. La autoconciencia, la compasión y el control emocional no sólo transformarán su liderazgo, sino también el entorno y la cultura de su organización.

Recuerda: el cambio comienza contigo. No esperes demasiado. La guía Neuroconsciente favorita de todos está esperando ser publicada. ¡Es tu momento de brillar!

Pagina 212

James Lass

EJERCICIOS PARA MEJORAR LA TOMA DE DECISIONES

¡Desafía tu Mente y Transforma tu Liderazgo!

¿Alguna vez te has sentido atrapado en un mar de decisiones? Cosas que tienen mucho peso, cosas que pueden cambiar el rumbo de tu vida, carrera o negocio. Si alguna vez te has preguntado si existe una manera de tomar decisiones con mayor claridad, confianza y precisión, este blog es para ti.

La toma de decisiones no es sólo un proceso lógico, es una habilidad que se puede aprender. Y lo mejor de todo es que no es necesario ser un experto para solucionarlo. Todo lo que necesitas es comprender cómo funciona tu cerebro y utilizar algunos ejercicios prácticos que te ayudarán a tomar decisiones más inteligentes y efectivas.

Considera esto: estás enfrentando una decisión importante. El estrés te agobia, las opciones se multiplican y el miedo a equivocarte te paraliza. Quizás no sepas que tu cerebro está diseñado para tomar decisiones efectivas, pero es posible que no lo estés utilizando en todo su potencial. Te invito a cambiar tu actitud, reorganizar tus pensamientos tomando una decisión. La ciencia tiene la clave. ¡Vamos, tómalo!

¿Por qué es importante la toma de decisiones?
La toma de decisiones es uno de los procesos más complejos e importantes de nuestra vida. Desde las decisiones más simples del día a día hasta decisiones importantes que pueden determinar el futuro de tu carrera o empresa, todo se basa en procesos cerebrales.

Afortunadamente, nuestro cerebro es plástico, lo que significa que podemos practicar y mejorar.

La neurociencia demuestra que varios factores influyen en nuestras decisiones: las emociones, el estrés, las creencias limitantes y las presiones externas. Sin embargo, al entrenar tu cerebro y hacer algunos ejercicios mentales, podrás tomar decisiones más rápidas y eficientes que se alineen con tus objetivos.

Ejercicio núm. 1: Análisis de opciones usando la "regla de los tres círculos"
¿Alguna vez has sentido que tienes demasiadas opciones y no sabes por dónde empezar? Este ejercicio es perfecto para eliminar el desorden y permitir que tu cerebro se concentre en lo que es realmente importante.

Cómo hacerlo:

Dibuja tres círculos en un papel.
En el primer círculo, escribe todas las posibilidades que tienes, incluso las más peligrosas o inesperadas.
En el segundo círculo, escribe lo que es importante para ti en esta decisión (por ejemplo, tus valores, tus objetivos a largo plazo, el bienestar de tu equipo).
En el tercer círculo, escribe las consecuencias a corto y largo plazo de cada elección.
El método de los tres círculos ayuda a tu cerebro a analizar la información de forma organizada y clara. Este ejercicio hace que las decisiones sean más reales y le permite ver más claramente el impacto de cada elección. Cuando alineas tus decisiones con tus valores y objetivos, las dudas se reducen enormemente.

Pagina 214

Ejercicio núm. 2: El "modelo 10-10-10" para reducir el estrés y la ansiedad

El estrés es uno de los mayores enemigos de la toma de decisiones eficaz. Esto nubla nuestro juicio, desencadena reacciones emocionales y nos lleva a tomar decisiones rápidas. El modelo 10-10-10, creado por la autora Suzy Welch, es un ejercicio sencillo y eficaz que le ayudará a poner en perspectiva las decisiones difíciles.

Cómo hacerlo:

Primero, piensa en cómo te sentirás acerca de la decisión que tomarás en 10 minutos. ¿Será una sensación de paz? ¿Por estrés? ¿Arrepentirse?

Segundo, piensa en cómo te sentirás dentro de 10 meses. ¿Esta decisión sigue teniendo el mismo impacto? ¿Cómo te acostumbras?

Finalmente, mira cómo te sentirás dentro de 10 años. ¿Te arrepentirás de esta decisión? ¿Estarías orgulloso de lo que hiciste?

Este ejercicio te permite ver las decisiones desde una perspectiva diferente y ayuda a reducir el miedo al impulso. Al darle tiempo a su cerebro para procesar el impacto de una decisión en diferentes intervalos de tiempo, podrá tomar decisiones más informadas y racionales.

Ejercicio núm. 3: "Diario de decisiones" para aclaración y reflexión

¿Te sientes abrumado por las constantes decisiones que tienes que tomar? La redacción de decisiones es una herramienta poderosa que entrena su cerebro para pensar y aprender de cada elección.

Cómo hacerlo:

Tómate de 5 a 10 minutos todos los días para escribir las decisiones importantes que hayas tomado en tu diario. Podría ser algo grande, como cambiar de trabajo, o algo pequeño, como cambiar de proveedor de servicios.
Escribe qué factores influyeron en tu decisión, cómo te sentiste cuando tomaste la decisión y qué aprendiste del proceso.
Al final de cada semana, revisa las decisiones que anotaste. ¿Ves algún patrón? ¿Qué decisiones son más fáciles de tomar y cuáles son más difíciles? ¿Qué estrategia usaste para tomar esta decisión?
Este ejercicio tiene dos efectos: no solo te ayudará a entrenar tu mente para tomar decisiones más claras, sino que también te permitirá aprender de cada experiencia y mejorar tu proceso de toma de decisiones con el tiempo.

Ejercicio núm. 4: "Técnicas avanzadas de toma de decisiones" para aumentar tu confianza
Cuando tomas decisiones bajo presión, tu cerebro fácilmente se estresa y duda. Este ejercicio le permitirá practicar la toma de decisiones rápidas y seguras sin el miedo paralizante de cometer errores.

Cómo hacerlo:

Cree una escala del 1 al 10, donde 1 es una decisión de bajo impacto (por ejemplo, elegir el almuerzo) y 10 es una decisión de alto impacto (por ejemplo, aceptar un trabajo).
Practicar decisiones rápidas en situaciones cotidianas donde el riesgo es mínimo. Por ejemplo, ¿qué película deberíamos ver esta noche? ¿Qué libro leer? ¿Qué proyectos deberías empezar primero?

Pagina 216

A medida que subes en la escalera, intenta tomar decisiones más rápido sin pensar demasiado en las consecuencias. De esta forma practicarás la confianza en ti mismo y la destreza mental.

Este ejercicio te ayudará a gestionar mejor la incertidumbre y a confiar en tu intuición a la hora de tomar decisiones de mayor impacto.

Ejercicio #5: El método "Mostrar opciones" para pronósticos avanzados

El pronóstico no es para atletas de élite o traders dinámicos: es una poderosa herramienta que el cerebro usa para pensar en varios escenarios futuros y prepararse para el futuro.

Cómo hacerlo:

Si te enfrentas a una decisión importante, cierra los ojos e imagina tu vida después de tomar cada decisión.

Pregúntate: ¿Cómo me sentiré con esta decisión en el futuro? ¿Cómo cambiará mi vida y mi vida?

ahora debería realizarse varias veces con diferentes opciones y opciones. Esto ayuda al cerebro a hacer predicciones mentales sobre el resultado.

La visualización puede reducir el estrés, aumentar la claridad y ayudarle a tomar decisiones que afectan su vida.

¡Es hora de cambiar de opinión!

Los líderes más exitosos no sólo son capaces de tomar decisiones rápidamente, sino que también tienen inteligencia, confianza y un profundo conocimiento del cerebro que influye en sus decisiones. No es sólo suerte: es entrenar tu cerebro para tomar decisiones inteligentes que se alineen con tus objetivos.

Rompe tus viejos hábitos, lava las cadenas de la ignorancia y comienza a usar este juego hoy. La toma de decisiones es una habilidad que se puede desarrollar y cuanto antes comience, antes verá resultados sorprendentes.

Recuerda, la decisión más importante que puedes tomar aquí es la acción. El futuro te espera y tu mente, entrenada para tomar las decisiones correctas, será tu mejor amiga en el camino.

¡Es hora de gobernar!

Pagina 218

TÉCNICAS PARA ENTRENAR LA EMPATÍA Y LA REGULACIÓN EMOCIONAL

Transforma tu Liderazgo y tu Vida

Cómo desarrollar la paciencia y el control emocional: cambia tu vida y tu vida

En el acelerado mundo empresarial actual, las decisiones rápidas y los planes audaces son importantes, pero también lo es: la capacidad de conectarse con las personas n Por supuesto. Esto no es sólo arte "suave". Es la clave del éxito, en tu vida personal y profesional. Pero es algo que puedes comprar. La ciencia lo respalda: la empatía y la regulación de las emociones son habilidades que se pueden desarrollar.

. ¿O eres capaz, en momentos de intensa presión, de comunicarte eficazmente o tomar decisiones sin la carga de las emociones? Si has experimentado esto, sabes que es importante conocer estas habilidades.

Puede que no sepas que tu cerebro es excelente para cambiar y mejorar en estas áreas, pero puedes entrenarlo en formas científicamente probadas para mejorarlo, no tu gobierno, pero cambiará tu vida.

Es hora de desafiar creencias profundamente arraigadas sobre las emociones. No es un obstáculo, es una ventaja. No es algo que deba controlarse, es algo que se puede entrenar. Así que hoy te mostraremos cómo.

¿Por qué es importante practicar la empatía y la gestión emocional?

Las emociones son sólo una respuesta a lo que nos sucede. Es una brújula interior que nos muestra lo que queremos y lo que tememos, pero si no sabemos utilizarla correctamente permanecerá en silencio.

La compasión es, más importante aún, la capacidad de ponerse en el lugar de otra persona, comprender sus sentimientos y responder adecuadamente. Esto es importante como líder, porque conectarse emocionalmente con su equipo, sus clientes o usted mismo le permite construir mejores relaciones, aumentar la confianza y fortalecer la colaboración.

La ley de las emociones, sin embargo, no se trata de restringir nuestros pensamientos, sino de dirigir directamente esas emociones. Las emociones son poderosas y cuando las manejamos bien, nos obligan a tomar decisiones informadas.

El poder de estas dos habilidades individualmente no se puede detener. La buena noticia es que se puede entrenar y cuidar. A continuación encontrará algunas formas prácticas de ser más compasivo, honesto y productivo.

Técnica n° 1: "Escucha activa y respuesta pasiva"
Una de las mayores barreras para la empatía es escuchar con atención. En nuestras luchas diarias, a menudo escuchamos la respuesta en lugar de comprenderla. La compasión comienza cuando escuchamos verdaderamente a los demás, no sólo sus palabras, sino sus sentimientos más profundos.

Cómo hacerlo:

Escucha y no hables. Deja que la otra persona exprese su opinión.

Vigilar el lenguaje corporal, los gestos y el tono de voz. Muchas veces lo que no se dice es tan importante como lo que se dice.

Después de escuchar, piensa en tus sentimientos. Utilice frases como "Veo que estás preocupado por esto" o "Sé que estás preocupado por esto".

Haga preguntas abiertas y reflexivas, como: "¿Qué piensas sobre esto?" o "¿Qué te gustaría cambiar?"

Esta actividad te ayudará a conocer los sentimientos de los demás y fortalecer tus habilidades de empatía. Y no solo eso, crea un clima de confianza en tu equipo, lo que se traduce directamente en productividad y colaboración.

Estrategia #2: "Cambios mentales para el manejo emocional"

Las emociones no aparecen sin motivo alguno. Las descripciones de nuestros eventos son descripciones que evocan emociones. El proceso emocional comienza cambiando la forma en que interpretamos y reaccionamos ante las situaciones. Aquí es donde entra la reestructuración cognitiva, un proceso basado en la inteligencia emocional que permite cambiar tus reacciones emocionales ante situaciones difíciles.

Cómo hacerlo:

Identifique los pensamientos negativos que están causando el sentimiento (por ejemplo, "Esto es un accidente, no puedo arreglarlo").

Cuestionar la solidez de la idea. ¿Eso es malo? ¿Hay alguna evidencia de que esto sea cierto?

Reemplázalo con pensamientos positivos: "Esto es un desafío, pero tengo las habilidades para hacerlo" o "Puedo aprender algo importante de esta experiencia".
Mira profundamente, cálmate. Puede que sólo sean unos segundos, pero esos segundos marcan la diferencia. El ejercicio
te entrenará para controlar tus emociones, lo que te permitirá hacerlo mejor y más tranquilo, incluso en situaciones estresantes.

Técnica #3: "Técnica de Análisis Psicológico"
El pensamiento crítico es una de las herramientas más poderosas que puedes utilizar para controlar tus emociones y tomar decisiones. Cuando estamos estresados, enojados o tristes, reaccionamos rápidamente. Los padres están descansando. En lugar de ser feliz, tómate un tiempo para conectarte contigo mismo.

Cómo hacerlo:

Antes de responder a una situación emocional, haz una pausa de tres segundos (o más si es necesario). respira hondo.
Conéctate con tus sentimientos: ¿Qué son los verdaderos sentimientos? ¿Por qué haces eso?
Considera: ¿Cómo puedes resolver esta situación? ¿Qué es importante para ti al final? Norma
sobre elección y discreción. Responda de manera tranquila, positiva y amorosa.
Esta sencilla práctica te permitirá tomar decisiones correctas y evitar reacciones impulsivas que puedan perjudicar a tus superiores.

Técnica #4: "Compasión"

Pagina 222

Si quieres desarrollar una compasión profunda y duradera, no hay mejor práctica que la meditación de la compasión. Esta técnica, llamada "Metta", te ayuda a conectar con la vida de los demás, mientras trabajas en tu paz interior.

Cómo hacerlo:

Siéntate en un lugar tranquilo y cierra los ojos.
Empieza pensando en alguien cercano a ti (amigo, colega) y repite en tu mente: "Que todo te vaya bien, que seas feliz, que estés en paz y felicidad". tu vida a otras personas, incluso a aquellas que no son cercanas a ti. Concéntrate en desearles lo mejor.
Abre tu corazón a estas personas y simpatiza con su buena vida.
La meditación compasiva no solo aumenta tu compasión por los demás, sino que también reduce el estrés, mejora tu estado de ánimo y mejora tus habilidades de liderazgo al promover una mente positiva y abierta.

¡Es hora de actuar!
El mundo de hoy necesita líderes que no sólo sean sabios e inteligentes, sino también intelectuales. La compasión y el control emocional son más que simples habilidades adicionales; es importante para crear un ambiente de trabajo, mejorar la toma de decisiones y desarrollar relaciones de confianza y duraderas.

Entonces, ¿por qué esperar? La ciencia está de tu lado: puedes entrenar tu cerebro para que sea compasivo, controle tus emociones y, en última instancia, te conviertas en un líder eficaz, equilibrado y compasivo.

¡Es hora de empezar a practicar! Tu futuro como líder depende de cómo entrenes tu mente hoy.

GUÍA PARA INCORPORAR EL NEUROLIDERAZGO EN LA VIDA COTIDIANA

Transforma Tu Liderazgo y Tu Mente

En el mundo competitivo y acelerado en el que vivimos, no sólo debemos disfrutar lo que hacemos, sino también ser únicos. Los líderes del futuro no son sólo personas inteligentes, sino personas que entienden cómo funciona su cerebro y cómo utilizarlo para liderar de forma eficaz. Aquí es donde entra en juego el neuroliderazgo, una disciplina que cambia no sólo la forma en que lideramos a los demás, sino también la forma en que nos lideramos a nosotros mismos.

¿Qué pasaría si le dijera que el secreto para el cambio de liderazgo no son las viejas políticas de gestión ni las decisiones rápidas? ¿Qué pasaría si te hablara de cómo reacciona tu cerebro al estrés, los estímulos, las emociones y las relaciones? El neuroliderazgo tiene la clave para desbloquear un potencial ilimitado dentro de usted y de las personas que dirige.

Pagina 224

La buena noticia es que no es solo para neurocientíficos, usted puede incorporar el neuroliderazgo en su vida diaria de manera significativa y efectiva. ¡Y te prometo que el cambio será profundo!

¿Qué es Neurotrend y por qué te afecta?
El neuroliderazgo es una ciencia que combina la neurociencia y el liderazgo para mejorar la forma en que lideramos. Este estudio se centra en comprender cómo reacciona el cerebro humano ante situaciones de liderazgo, cómo tomamos decisiones, gestionamos nuestras emociones y cómo interactuamos con los demás.

Lo bueno de la neurociencia es que no sólo nos ayuda a comprender el cerebro de otras personas, sino que también nos da el poder de cambiar el nuestro. Desde la toma de decisiones y la gestión del estrés o el desarrollo de la inteligencia emocional, el neuroliderazgo nos proporciona herramientas científicamente probadas para mejorar nuestro rendimiento y bienestar.

Incorporación del neuroliderazgo en la vida cotidiana: un cambio de mentalidad
Para incorporar el neuroliderazgo en la vida cotidiana, no es necesario realizar cambios repentinos. Sólo debes comenzar con pequeños cambios, cosas que afecten tus pensamientos, tomar decisiones y conectar con los demás. A continuación te presentamos algunas de las claves más poderosas para incorporar el neuroliderazgo a tu vida diaria:

1. Cambiando la forma en que tomamos decisiones: acción con propósito
La toma de decisiones es uno de los pilares del neuroliderazgo. Nuestros cerebros están acostumbrados a

tomar decisiones rápidas, pero no siempre las correctas. Las emociones y el pensamiento racional conducen a decisiones precipitadas, sin considerar todas las opciones y consecuencias posibles.

Solución: Para aplicar el neuroliderazgo, tómate un descanso antes de tomar grandes decisiones. Pregúntate:

¿Estoy tomando decisiones basadas en mis sentimientos o en mis datos objetivos?
¿He considerado todas las ideas posibles?
¿Cómo afectará esta decisión a mis miembros o partes interesadas?
Esta relajación permite efectivamente que tu cerebro trabaje desde un estado de calma y racional en lugar de apresurarse. Este simple cambio puede marcar la diferencia entre una decisión reactiva y una revolucionaria.

2. Manejo del estrés: no eres una máquina, eres un ser humano
El estrés es una constante en la vida de todo líder. Requisitos laborales, expectativas, decisiones... todas estas cosas pueden generar mucho estrés y, si no se utilizan adecuadamente, afectar nuestra salud y nuestras relaciones profesionales.

Aquí el neurocientífico da una opinión muy diferente: el estrés no es algo que deba evitarse a toda costa, pero hay que aprender a gestionarlo. El cerebro humano, cuando está estresado, responde con una serie de reacciones fisiológicas. Sin embargo, si entrenas, puedes cambiar tu respuesta al estrés y utilizarlo para mejorar la energía.

Se puede aplicar una técnica de "buen estrés" para entrenar el cerebro para que vea el estrés como una oportunidad de éxito en lugar de como ira.

Prueba esto:

Cuando sientas que el estrés aumenta, respira profundamente para activar tu sistema nervioso parasimpático (que te permite relajarte).
Cambie su enfoque: en lugar de pensar "no puedo hacer esto", piense "este desafío me está preparando para hacerlo".
Utiliza el estrés como señal de que tu cerebro está trabajando a su máxima capacidad.

3. Conecte y motive a su equipo: utilice la ciencia de la emoción

La motivación y las conexiones emocionales son fundamentales para el neuroliderazgo. El cerebro humano está diseñado para establecer conexiones emocionales, y esas conexiones juegan un papel importante en el funcionamiento de las personas como grupo.

Si quieres un equipo de alto rendimiento, debes pensar en todos y comprenderlos. Pero no basta con ser un buen comunicador. Es necesario comprender cómo reacciona el cerebro a los estímulos.

El principio de "buena recompensa" es importante aquí: cuando tu pareja hace un buen trabajo, sabes que el sistema de dopamina funciona directamente en su cerebro, lo que la motiva a hacer el bien.

No olvides que para hacer feliz a tu equipo también es importante ayudarlos a controlar sus emociones. Los líderes compasivos son aquellos que comprenden las emociones, no sólo las propias, sino las de los demás, y actúan en consecuencia.

4. Pensamiento de crecimiento: no solo para ti, sino también para tu equipo
El principal objetivo del neuroliderazgo es el pensamiento de crecimiento. Esta filosofía se basa en la idea de que nuestras capacidades, conocimientos y capacidades no son fijos, sino que pueden desarrollarse a través del esfuerzo y el aprendizaje.

Para aplicar esto a tu vida diaria, empieza a actuar como un líder. ¿Tienes un desafío? En lugar de pensar: "No puedo hacer esto", piense: "¿Cómo puedo aprender de esto para mejorar?". Luego comparte esta idea con tu equipo.

Al animar a las personas a ver sus debilidades durante las oportunidades de aprendizaje, se activan partes de la plasticidad neuronal en sus cerebros, ayudándoles a superar los conflictos y seguir creciendo..

El futuro como líderes neuroconscientes: actúen ahora
El neuroliderazgo no es solo acción, es reflexión. Este enfoque basado en la neurociencia no sólo mejorará su desempeño, sino que también lo hará más humano, más inteligente y más eficiente.

Hoy es un buen momento para empezar a incorporar estos principios en tu vida diaria. La ciencia puede ayudarte. Los beneficios no son ilusorios, son inmediatamente visibles y tangibles. El liderazgo neuroconsciente le permite liderar con intuición, claridad y compasión, tomar decisiones, gestionar el estrés de forma eficaz y conectarse profundamente con su equipo.

¿Estás listo para cambiar el futuro del liderazgo? ¡El poder está en tu cerebro y puedes entrenarlo ahora! Da hoy el primer paso en neuroliderazgo y comienza a transformar tu vida y tus resultados como líder.

EL FUTURO DEL LIDERAZGO TRANSFORMACIONAL

La Revolución que Estás Ignorando

¿Alguna vez has pensado que el liderazgo tradicional está obsoleto? Si es así, sea honesto. ¡El futuro del cambio cultural no es sólo una tendencia, es una revolución cerebral que está cambiando ahora y cambiará la forma en que entendemos el liderazgo en los años venideros!

El liderazgo transformacional, que ahora se centra más en motivar, empoderar y cambiar a las personas que diriges, está evolucionando. No basta con tener un líder inspirador que promueva el mensaje. Los futuros cambios de liderazgo se basarán en la ciencia, la neurociencia y una comprensión más profunda de cómo funciona el cerebro humano.

Pero hay algo más importante: esta nueva cultura significa no sólo cambiar a los demás, sino también cambiarse uno mismo. ¿Estás listo para un cambio que te llevará de un jefe común y corriente a un líder extraordinario?

La nueva era del liderazgo: de la inspiración al cambio
Los líderes transformacionales del mañana no sólo inspirarán, sino que cambiarán sus creencias, los comportamientos de su equipo y, lo más importante, su forma de pensar. Es un líder que comprende cómo el cerebro humano procesa la información, cómo toma decisiones y cómo se conecta emocionalmente con otras personas.

Este nuevo liderazgo se basa en tres principios:

Neurociencia aplicada: los futuros líderes no sólo dirigen a las personas, sino que controlan el cerebro. Ahora sabemos, gracias a la neurociencia, que el cerebro humano es poco resiliente (lo que se conoce como neuroplasticidad). El próximo líder del cambio utilizará este conocimiento para recrear los pensamientos, creencias y emociones en su organización para que las personas no sólo trabajen mejor, sino que también cambien internamente.

Empatía y solidaridad: El futuro del liderazgo no depende sólo del poder o la autoridad, sino de los sentimientos reales. Las investigaciones muestran que cuando los líderes interactúan con sus equipos, se crean procesos colaborativos para aumentar la colaboración, la

Pagina 230

confianza y la productividad. Un líder que comprende el cerebro, las emociones y las motivaciones de las personas tiene la capacidad de cambiar la cultura de una organización para que sea más positiva y dinámica.

Centrarse en la comodidad: los futuros líderes transformacionales se centran en crear un entorno mental seguro donde los socios puedan asumir riesgos, cometer errores y aprender sin miedo. Al comprender cómo el estrés afecta al cerebro y cómo la gestión emocional es esencial para el alto rendimiento, los directivos pueden cuidar la salud de su equipo, fomentar el desarrollo laboral y personal.

¿Por qué se necesita el método hoy?
Vivimos en un mundo que está cambiando más rápido que nunca. La tecnología se desarrolla rápidamente, las expectativas laborales aumentan y la incertidumbre es constante. Con todo esto, las organizaciones no pueden continuar con sistemas de gestión arcaicos.

El liderazgo tradicional que se centra únicamente en el estatus, el control y la inteligencia no funciona. El cerebro humano no responde de la misma manera a un estilo de liderazgo basado en el miedo o a emociones controladas. Necesitamos líderes que sepan cómo motivar a las personas a un nivel profundo, que se conecten a un nivel emocional y que, sobre todo, entiendan cómo se puede utilizar la neuroplasticidad para apoyar el aprendizaje continuo a lo largo de toda la vida.

Este cambio es urgente. La próxima ola de liderazgo no serán líderes que den órdenes. Juzgados por líderes neurocognitivos, personas que entienden cómo responde el cerebro humano a las emociones, el estrés, la motivación y, lo más importante, a las relaciones.

Cambie sus líderes ahora: ¿Qué debe hacer usted?
Si quieres ser parte de este cambio, no basta con leer sobre él o conocer las últimas investigaciones científicas. Tienes que hacerlo ahora. Aquí hay algunos pasos que puede seguir ahora para transformarse en el líder neuroconsciente que su organización necesita:

Desarrolle su conciencia: antes de liderar a otros, es muy importante ser usted mismo. Considere cómo responde su cerebro al estrés, la ansiedad y los conflictos. Piensa en ti todos los días. ¿Cómo te sientes ahora? ¿Cómo afectan tu decisión?

Mantenga la empatía: Escuchar es la clave para generar confianza. No escuches las palabras de tu equipo, comprende sus pensamientos y sentimientos. Los líderes del futuro no son aquellos que tienen todas las respuestas, sino aquellos que saben hacer buenas preguntas y conectarse con la gente.

Desarrollando neuroplasticidad en su equipo: Ayudando a su equipo a cambiar los límites del pensamiento. Anime a las personas a salir de su zona de confort. Recuerde: el cerebro es indestructible. Fomentar el aprendizaje continuo, la experimentación y la creatividad permite que la mente crezca y se adapte a los desafíos que enfrenta.

Mantener la fortaleza emocional es importante: los futuros líderes transformacionales entienden que el estrés no solo es negativo, sino también una oportunidad de crecimiento. Ayuda a tu equipo a mejorar la moral. La

Pagina 232

resiliencia no es superar los problemas, sino aprender y crecer a partir de ellos.

Mejorar el bienestar: utilizar estrategias para reducir el estrés laboral y mejorar la salud mental. Cree un entorno donde su equipo pueda sentirse seguro y libre para innovar, asumir riesgos y compartir ideas sin temor a ser juzgado.

Tu futuro como líder del cambio comienza hoy
El futuro del liderazgo del cambio no es un lujo ni un momento pasajero: es una necesidad urgente. Si no te adaptas a este nuevo enfoque basado en la neurociencia, la empatía y la neuroplasticidad, te quedarás atrás en un mundo donde la cultura ha influido completamente en la forma en que entendemos y cambiamos el cerebro humano.

¡No esperes demasiado! El cambio comienza hoy. Sumergirse en el futuro del liderazgo transformacional puede cambiar la forma en que gestiona su vida, su equipo y su organización. Estás un paso más cerca de convertirte en el líder que el mundo necesita.

Actúe ahora para transformar su liderazgo y llevar a su equipo a nuevos niveles de éxito y prosperidad.

CÓMO EL NEUROLIDERAZGO REDEFINE EL ÉXITO

La Revolución Mental que Estabas Esperando

El concepto de éxito está relacionado con la historia visual: ventas, productos, esfuerzos y logros. Sin embargo, el futuro del éxito no es lo que ves. Lo que realmente cambia es la forma de pensar, sentir y relacionarse con los demás. Aquí es donde entra en juego el neuroliderazgo. Si alguna vez has pensado que el éxito se trata de alcanzar objetivos externos, prepárate para ver que la verdadera revolución está ocurriendo dentro de tu cerebro.

Restaurando el éxito: más allá de los números
Desafíos de ser un desafío europeo con creencias profundamente arraigadas sobre lo que es el éxito. Ya no se trata sólo de ascender en la escala corporativa o acumular logros. De hecho, el éxito a largo plazo se basa en una comprensión profunda de cómo funciona el cerebro humano en las áreas de liderazgo, toma de decisiones, motivación y relaciones interpersonales.

En lugar de controlar a las personas desde fuera, el neuroliderazgo te enseña a liderar desde dentro. Este cambio define lo que es un líder. No se trata sólo de hacer bien el trabajo, sino de utilizar todo el potencial de su cerebro y de su equipo para generar un impacto profundo.

Neuroliderazgo: El secreto de los futuros líderes
Imagine un líder que entiende cómo funciona el cerebro en situaciones estresantes, cómo innovar en su equipo o

cómo utilizar la neuroplasticidad para respaldar la mejora continua. Este es el líder del futuro. Y si te preguntas cómo llegar a serlo, la respuesta es clara: neuroliderazgo.

El neuroliderazgo no es sólo una teoría, sino una disciplina que aplica los principios de la neurociencia al liderazgo. Le ayuda a comprender el comportamiento humano a un nivel más profundo y a utilizar ese conocimiento para tomar mejores decisiones, crear equipos más dinámicos y desarrollar relaciones duraderas. El neuroliderazgo no cambia la forma de liderar, lo cambia todo.

¿Por qué el comportamiento se interpreta como éxito?
Mejora la toma de decisiones: el neuroliderazgo te ayuda a comprender cómo el cerebro toma decisiones, especialmente en situaciones. La ansiedad y la incertidumbre activan partes del cerebro que nos hacen tomar decisiones irracionales o irracionales. Los líderes que practican el neuroliderazgo saben cómo calmar el cerebro para tomar decisiones buenas y racionales. Esta comprensión puede cambiar la forma de resolver problemas complejos, reduciendo la posibilidad de cometer errores costosos.

Crear motivación interna: Las habilidades de neuroliderazgo no se basan en incentivos externos como bonificaciones o recompensas por horas extras. En cambio, se centra en motivar a los trabajadores. Cuando el cerebro de su equipo proviene de adentro, el compromiso, la creatividad y la productividad aumentan dramáticamente. Es un gran cambio de actitud que motiva a las personas no sólo a trabajar para lograr una meta, sino también a sentir una conexión emocional con el mensaje.

Mejora de las relaciones interpersonales: Liderazgo transformacional basado en neuroliderazgo que se centra en emociones auténticas. La investigación científica ha demostrado que el cerebro humano es más receptivo a la empatía y la conexión emocional. Un líder que entiende esto sabe cómo crear equipos multifuncionales y cómo construir relaciones de confianza que produzcan resultados duraderos.

Mejora de la resiliencia y la persistencia: el neuroliderazgo proporciona información sobre cómo el cerebro se adapta al aprendizaje. Aunque el estrés puede ser malo, también puede ser una herramienta de crecimiento si sabes cómo afrontarlo. Los líderes que aplican los principios del neuroliderazgo pueden convertir la adversidad en oportunidades de aprendizaje y crecimiento, generando resiliencia no solo para ellos sino también para sus equipos. 44 44 No se trata sólo de objetivos externos, se trata de tu propio crecimiento y el impacto en los demás.

Este método te ayuda a romper con patrones que han estado vigentes durante años, cambiar tus creencias sobre lo que puedes lograr y crear una mentalidad de crecimiento. Al incorporar estrategias de neuroliderazgo, no sólo te desarrollas como líder, sino que te conviertes en una versión más completa de ti mismo.

Neuroliderazgo: cómo transformar tu éxito

El mundo está cambiando rápidamente y el éxito ya no es una meta a alcanzar. Es un proceso continuo de crecimiento, adaptación y aprendizaje. El neuroliderazgo le brinda las herramientas no solo para mantenerse firme, sino también para transformar su vida, su trabajo y su entorno. Te hace salir de tus creencias y darte cuenta de

Pagina 236

que eres un líder. Te lleva a pensar y hacer cosas que pueden cambiar el futuro.

Su desafío: Sea hoy el líder del mañana
No más excusas. El futuro del éxito está aquí y depende de un liderazgo reflexivo, una lluvia de ideas y una mejora continua. Si quieres ser parte de la revolución del neuroliderazgo, debes actuar ahora. No puedes esperar a que llegue el cambio. El neuroliderazgo es la clave para desbloquear todo su potencial y cambiar su forma de sentir acerca del éxito.

Ahora es el momento de dar el primer paso hacia un cambio real. Deja de seguir las viejas reglas del éxito y empieza a crear un estilo de liderazgo basado en la realidad. El futuro del liderazgo está aquí. Y usted puede ser un líder que marque la diferencia.

¡Es hora de liderar de una manera completamente nueva!

LOS PRÓXIMOS PASOS PARA LIDERAR CON PROPÓSITO Y CONCIENCIA

Despierta al Líder que el Mundo Necesita

Vivimos en una época de grandes cambios. El gobierno tal como lo conocemos ha sido abandonado y el futuro parece completamente diferente. ¡Ser guiado por el propósito y la conciencia no es una elección, es un imperativo! Si es un líder o aspira a serlo, ahora es el momento de dejar su antiguo sistema y entrar en un nuevo reino donde su propósito y conciencia guiarán sus decisiones, relaciones y cada plan.

Ahora es el momento de dar el siguiente paso hacia un liderazgo que inspire, transforme y transforme. Pero, ¿cómo lograrlo en un mundo lleno de incertidumbre, expectativas y desafíos sin precedentes?

En este blog, te invito a aprender cómo liderar con propósito y conciencia no solo es una forma de lograr un éxito duradero, sino también una forma de aumentar tu impacto personal, profesional y social. Te desafío a derribar tus barreras mentales, tomar decisiones y convertirte en el líder visionario que nuestro mundo necesita. Lo mejor de todo es que es más fácil de lo que crees, pero sólo si estás dispuesto a dar el primer paso.

¿Por qué el liderazgo decidido es el futuro?
Hoy en día, muchos líderes todavía trabajan desde el paraíso del pasado: resultados rápidos, poder sobre las personas, control y bajos márgenes de ganancia. Pero aquí está la dura verdad: el modelo está roto. Según esta

investigación, el liderazgo basado únicamente en metas materiales y resultados objetivos crea una organización sin personalidad.

El verdadero poder de un líder proviene de su capacidad para liderar con un propósito: con una visión clara de lo que quiere lograr, pero también con una profunda comprensión de por qué lo hace. Este tipo de liderazgo va más allá de los objetivos comerciales y llega a las partes más profundas de la humanidad: conexiones emocionales, impacto positivo en la vida de las personas y bienestar colectivo.

Los increíbles beneficios de utilizar la intención y la conciencia
Generar confianza y seguridad duraderas. Ya no trabajan por dinero, sino por algo que les dé un propósito. Los objetivos compartidos mejoran el compromiso, la lealtad y la productividad. La inteligencia emocional alinea sus decisiones con el bien colectivo al crear un ambiente de confianza que impacta en todos los niveles.

Innovación y creatividad
Los líderes inteligentes y decididos crean un entorno donde la creatividad y la innovación pueden florecer. La escrupulosidad y la apertura a nuevas ideas inspiran creatividad y permiten a su equipo encontrar soluciones sin miedo al fracaso. Este tipo de liderazgo no solo lo hace más ágil, sino que también le permite a su equipo pensar de manera innovadora, encontrar nuevas formas de resolver problemas y crear productos y servicios revolucionarios.

Mejoras la toma de decisiones
Cuando te guían tus objetivos, piensas con mayor claridad y concentración. La toma de decisiones se convierte en un proceso reflexivo e informado que está alineado con sus valores y objetivos a largo plazo. En lugar de pensar sin pensar o ceder a la presión, puedes analizar conscientemente cada situación y asegurarte de que cada acción se alinee con tu visión y valores.

Mejorar el bienestar del equipo
El liderazgo no sólo es importante para los resultados, sino también para el bienestar de todo el equipo. Los líderes decididos promueven la salud mental y emocional creando un entorno que valora el equilibrio entre la vida personal y profesional. La ciencia demuestra que un ambiente de trabajo positivo no sólo aumenta la productividad sino que también reduce el estrés, la rotación y la satisfacción laboral.

Usted cambia la cultura organizacional
Las organizaciones con un liderazgo inteligente y decidido pueden construir culturas organizacionales sostenibles. Una empresa no sólo se define por sus productos o servicios, sino también por la forma en que trata a las personas. Cuando los líderes lideran con un propósito claro y actúan conscientemente, las empresas se convierten en lugares de crecimiento, inclusión y confianza, donde las personas se sienten parte de algo más grande que ellos mismos.

Próximos pasos para convertirse en un líder visionario y decidido Si siente que su líder sabe lo que viene, pero usted no sabe por dónde empezar, este es el primer paso para cambiar su estilo de liderazgo:

Pagina 240

Conéctate con tus objetivos personales y profesionales
Ten un propósito, el "por qué" detrás de todo lo que haces. Piensa bien en lo que realmente te inspira, te motiva y en lo que quieres dejar como legado. Hazlo tu propio proyecto. Una vez que tengas claros tus objetivos, compártelos con tu equipo y hazlos parte de una visión compartida.

Mindfulness
Mindfulness es una herramienta poderosa para mantenerse concentrado, reducir el estrés y tomar decisiones claras e informadas. Dedica unos minutos cada día a meditar, respirar profundamente y reflexionar sobre tu estado mental y tus emociones. El mindfulness te permite calmar la mente y centrarte en el momento presente, lo cual es fundamental para tomar decisiones más efectivas.

Desarrollar empatía e inteligencia emocional
Los líderes decididos se centran en las personas, no sólo en los resultados. Desarrolla empatía y comprende mejor las necesidades, sentimientos y preocupaciones de tu equipo. Escuche atentamente, valore las diferencias y cree un ambiente de confianza. La inteligencia emocional te ayuda a comunicarte eficazmente con tus socios y a tomar decisiones que beneficien a todos.

Cultive una cultura de comprensión y aprecio
Como líder, sus acciones son un ejemplo para los demás. Sea claro acerca de sus metas, objetivos y desafíos. Aprecie y reconozca genuinamente el trabajo y los logros de su equipo. Este tipo de liderazgo crea un entorno en el que las personas se sienten valoradas, aumentando así su compromiso y productividad.

Buscando la innovación al servicio de las metas
No basta con tener metas; Tienes que encontrar una nueva manera de hacerlo. Fomentar la creatividad del equipo, crear un ambiente de aprendizaje continuo y celebrar las ideas disruptivas. El cambio y la innovación constantes son clave para hacer avanzar su negocio y mantener un impacto duradero.

Es hora de actuar: el mundo necesita hombres sabios
Ahora que comprendes el poder de vivir a través de la intención y la conciencia, la otra manera está clara: es hora de actuar. Tienes que cambiarte a ti mismo, no esperar a que cambie la situación. El futuro pertenece a los líderes que no sólo saben cómo lograr el éxito personal, sino que también se esfuerzan por generar un impacto y un cambio positivos en las personas y las organizaciones.

Tu turno. El mundo necesita líderes como usted. ¿Estás listo para dar el siguiente paso y definir la gestión del mañana?

Pagina 242

INSPIRACIÓN FINAL

El Impacto del Liderazgo Neuroconsciente en el Mundo

Imagine un mundo donde los líderes no sólo obtengan resultados, sino que también tengan sentido común e integridad en todas sus decisiones. Un mundo donde las empresas triunfan no por sus ganancias, sino por el impacto que tienen en las personas y el mundo. Un mundo lleno de comprensión, conocimiento y propósito es el motor del progreso. ¿Te suena eso? No es así. Este futuro está a la vuelta de la esquina y tú puedes ser el líder que lo lidere.

El liderazgo neurocognitivo es la clave para cambiar su organización e incluso el mundo entero. Y ahora más que nunca, el mundo necesita líderes que se atrevan a cuestionar la norma, desafiar la sabiduría convencional y adoptar enfoques basados en la neurociencia, la lógica y la verdad.

Este es un llamado a ustedes, que son líderes o quieren serlo, a ustedes que quieren dejar algo profundo y hermoso. Es momento de dar pasos de liderazgo que no sólo piensen en el futuro de la empresa, sino también en el de las personas.

Neurociencia del liderazgo: La revolución del juego
La neurociencia revela algunos cambios: Nuestros cerebros no están diseñados para funcionar bajo estrés crónico, estrés extremo o condiciones de trabajo tóxicas. Por el contrario, nuestro cerebro prospera cuando se encuentra en un entorno que promueve la salud, la conexión y la confianza.

¿Y cómo hacer esto? Desde una perspectiva neurocognitiva, un liderazgo que combina la ciencia del cerebro humano con una comprensión profunda de las emociones, los sentimientos y las relaciones humanas. El liderazgo neurológico es más que solo control; Se trata de conocer y dominar la energía del cerebro que afecta el rendimiento, la creatividad, la toma de decisiones y, lo más importante, la salud.

Al aplicar los principios de la neurociencia a la gestión, empodera a su equipo para lograr objetivos y crecer. Las investigaciones muestran que cuando lideramos sabiendo cómo funciona el cerebro humano, mejoramos el desarrollo, la motivación y el apoyo en nuestros grupos. Esto no es estricto ni tradicional; Es flexible, compasivo y cariñoso.

Dificultad para creer: liderazgo, no gestión
Durante muchos años nos ha invadido la idea de que un buen liderazgo depende de la capacidad de tomar decisiones rápidas, gestionar y mantener el poder en manos de unos pocos. Pero este producto no funciona. La neurociencia nos dice que el estrés, la competencia intensa y el estrés mental inhiben la inteligencia, reducen la creatividad y, en última instancia, debilitan las organizaciones.

Neuro Leadership, por otro lado, desafía las creencias tradicionales. El verdadero liderazgo no tiene poder; Se trata de dar una buena impresión. Cuando lideras desde la conciencia, comprendes que las personas quieren ser valoradas, escuchadas y apreciadas. Los líderes conscientes son aquellos que crean una mentalidad donde la colaboración es la norma y la innovación es la norma.

Pagina 244

Transformación del Liderazgo Neuroconsciente

Al utilizar este método, no sólo cambias la forma en que lideras, sino que también cambias a las personas que te rodean. Aquí te comparto las cosas sorprendentes y los cambios en el uso del liderazgo inteligente: hay muchas ideas entre las personas inteligentes porque sienten que pueden pensar de manera diferente sin miedo al fracaso. El cerebro humano está diseñado para crear y explorar en un entorno que promueve una sensación de seguridad y curiosidad.

Flexibilidad y adaptabilidad Un líder neurocientífico no sólo lidera en tiempos de paz, sino que también desarrolla flexibilidad en tiempos de crisis. La neuroplasticidad, la capacidad del cerebro para adaptarse y cambiar, se activa cuando las personas se sienten positivas. Esto permite a las organizaciones ser más flexibles ante el cambio y la incertidumbre.

Mejorar la salud y la satisfacción laboral Las investigaciones muestran que un ambiente de trabajo basado en la confianza, la empatía y la cooperación reduce el estrés y promueve el pensamiento positivo. El cerebro humano responde bien a las buenas relaciones, lo que hace que las personas estén menos ocupadas y más satisfechas con su trabajo.

Las decisiones son claras y efectivas Los líderes neuroconscientes toman decisiones con mucho cuidado porque entienden cómo el estrés y las emociones afectan su cerebro. Este tipo de liderazgo es más emocional, menos contundente y más emocional. Como resultado, se toman decisiones más inteligentes y rentables a largo plazo.

Ahora: El mundo necesita líderes neuroconscientes
Ésta es la verdad más profunda: el futuro del liderazgo está en tus manos. La gestión de neuroalmacenes es la clave del éxito de las organizaciones y comunidades. Es la respuesta a los problemas que enfrentamos como individuos, grupos, empresas y países. Es un antídoto contra los conflictos, el cansancio y las tensiones que caracterizan a muchas culturas.

Si quieres ser parte de esta revolución, si quieres ser un verdadero líder del cambio, el primer paso es desarrollar una conciencia de cómo funciona el cerebro humano y puedes usar este conocimiento para beneficiarte. influye en tu equipo.

El impacto del liderazgo consciente no se limita a la productividad. Es muy atrevido. Puede cambiar la salud de sus colegas, fomentar la creatividad y la innovación y crear un cambio cultural que afecte a su organización, la energía de la comunidad y, por qué no, al mundo entero.

FINAL

Recopilación de capítulos de "El Cerebro del Líder - Decisiones que Impactan y Transforman", de James Lass

El Cerebro del Líder - Decisiones que Impactan y Transforman. La toma de decisiones explora la intersección entre la neurociencia y el liderazgo, demostrando una comprensión del cerebro. Las estrategias pueden mejorar las decisiones de los líderes y el impacto que su liderazgo tiene en sus equipos y organizaciones. A través de un enfoque basado en la ciencia del cerebro humano, Russ proporciona las herramientas necesarias para los líderes que desean tomar decisiones efectivas, promover lugares de trabajo saludables y lograr un desempeño sostenible.

A continuación he organizado los temas principales del libro y los he explicado de una manera científica pero accesible para ayudarte a aplicar este conocimiento en tu vida y liderazgo:

1. El cerebro como decisión
El comienzo de este libro enfatiza Cómo el cerebro es crucial para todas las decisiones que tomamos en nuestra vida personal. En términos más simples, el trabajo del cerebro es tomar decisiones con éxito, conservar energía y maximizar nuestras vidas. Sin embargo, la forma en que tomamos decisiones no siempre es clara o lógica.

Científicamente sabemos que el cerebro humano está dividido en varias áreas que trabajan juntas para tomar decisiones, pero las emociones suelen tener más influencia de la que pensamos. La corteza prefrontal, responsable de tomar decisiones racionales, puede verse "alterada" por pensamientos negativos o estresantes que activan la amígdala, una parte del cerebro asociada con el miedo y la supervivencia. Esto puede hacer que una persona tome decisiones apresuradas o irracionales.

Según Russ, el desafío para los líderes es aprender a comprender y controlar estas interacciones cerebrales para tomar decisiones informadas y apropiadas.

2. La importancia del control mental
Lass enfatiza que el control mental es una habilidad importante para los líderes. Los líderes que no pueden controlar sus emociones pueden tomar decisiones bajo presión o debido a emociones fuertes, lo que puede afectar negativamente a su equipo.

Desde una perspectiva neurocientífica, cuando las emociones no están controladas, el cerebro entra en "modo de supervivencia", inhibiendo nuestra capacidad de pensar racionalmente. Esto es especialmente peligroso para los líderes que deben tomar decisiones acertadas en tiempos de gran crisis.

Russ enseña que el autocontrol y la conciencia mental son formas de lidiar con el estrés y la calma, lo que conduce a una toma de decisiones eficaz. Se recomiendan técnicas de motivación (mindfulness) y entrenamiento de control mental para mejorar la capacidad del cerebro para tomar decisiones.

3. El modelo SCARF y sus efectos sobre el liderazgo
Uno de los puntos principales de este libro es el modelo SCARF desarrollado por David Rock, que explica cómo reacciona el cerebro ante ciertos factores sociales en el

Pagina 248

trabajo. SCARF es un acrónimo que se refiere a cinco cosas que afectan nuestra vida y nuestro trabajo:

S (Estado): El cerebro responde a las amenazas y aumenta el estado. La sensación de perder o ganar responsabilidad activa áreas del cerebro asociadas con el dolor o el placer.

C (Certidumbre): La incertidumbre crea ansiedad porque el cerebro tiende a predecir. Los líderes deben reducir la ambigüedad para reducir el estrés en sus equipos.

A (Autonomía): Control del tronco encefálico. La falta de autonomía activa áreas del cerebro asociadas con la vulnerabilidad. Los líderes que fomentan la autonomía y empoderan a sus equipos activan áreas del cerebro asociadas con la motivación.

R (Relevancia): El cerebro busca conexión y relaciones de confianza. La sensación de estar "juntos" en un grupo activa áreas del cerebro asociadas con la felicidad.

F (Justicia): El cerebro busca justicia. La injusticia médica puede provocar depresión y ansiedad, mientras que la justicia activa circuitos cerebrales asociados con la felicidad y la armonía.

Este modelo proporciona a los líderes una estrategia clara para crear un ambiente de trabajo que fomente la motivación, la colaboración y el bienestar para lograr la productividad y el desempeño del equipo.

4. Neuroplasticidad y crecimiento personal

Lass también analizó el concepto de neuroplasticidad, que se refiere a la capacidad del cerebro para remodelarse y adaptarse a nuevas experiencias, aprendizajes y desafíos.

En neurociencia, la neuroplasticidad indica que el cerebro no está fijo; Esto significa que los líderes pueden desarrollar nuevas habilidades y cambiar mentalidades que obstaculizan el éxito. Por ejemplo, se puede entrenar el cerebro para actuar con calma en situaciones estresantes o para tomar decisiones acertadas bajo presión.

Para los líderes, eso significa que nunca es demasiado tarde para solucionarlo. La práctica continua de habilidades cognitivas y emocionales, como la toma de decisiones o el manejo del estrés, puede mejorar significativamente la forma en que gestiona y toma decisiones.

5. El papel del cerebro social en el liderazgo
Este libro también analiza el concepto de cerebro social, que se refiere a cómo reacciona nuestro cerebro cuando trata con otras personas. Las investigaciones muestran que las relaciones sociales y la interacción social activan áreas del cerebro que son importantes para el aprendizaje, la motivación y la toma de decisiones.

Para los líderes, esto significa que el compromiso y la conexión emocional con sus equipos es necesario para crear un ambiente de trabajo positivo y eficaz. Los líderes que desarrollan relaciones de confianza y respeto activan partes del cerebro asociadas con la colaboración y la creatividad, que ayudan a sus equipos a trabajar mejor juntos y superar desafíos.

6. En lugar de tomar decisiones o decisiones basadas únicamente en la intuición, los líderes neurocognitivos deben detenerse, pensar y pensar en todo.

Pagina 250

Este estilo de liderazgo ayuda a evitar sesgos y distorsiones cognitivas que pueden afectar las decisiones, como el sesgo de confirmación (buscar sólo información que confirme nuestras creencias) o el sesgo (exagerar la información inicial que entendemos). La toma de decisiones inteligente también incluye la capacidad de afrontar la incertidumbre y adaptarse a nuevas situaciones.

7. El impacto de la cultura organizacional en el cerebro
Lass examina el impacto de la cultura organizacional en el cerebro de los empleados. Un ambiente de trabajo estresante, la competencia o la falta de apoyo pueden crear respuestas de estrés crónico en el cerebro, lo que lleva a una disminución del rendimiento, la energía y la salud mental.

Además, una cultura laboral que promueve el respeto mutuo, la cooperación y el bienestar de los empleados activa áreas del cerebro asociadas con la salud y la motivación intrínseca, creando un entorno en el que los empleados se sienten comprometidos y productivos.

Los líderes deben reconocer el poder de la cultura de liderazgo para cambiar la forma de pensar de sus equipos y, en última instancia, mejorar su desempeño.

Conclusión:
Al comprender cómo responde el cerebro al estrés, las emociones y las relaciones, los líderes pueden cambiar sus comportamientos y estrategias para impactar positivamente el desempeño y el bienestar del equipo.

Lass nos recuerda que el buen liderazgo no se trata sólo de habilidades o técnicas de liderazgo, sino de una comprensión profunda de cómo las decisiones y las relaciones afectan el cerebro de las personas. Los líderes que utilizan este enfoque neurocientífico están mejor equipados para afrontar los desafíos del entorno laboral actual y transformar la forma en que ofrecen soluciones únicas.

Lecturas recomendadas sobre neurociencia y liderazgo

1. El Cerebro del Líder de David Rock

2. *Neurociencia para el Liderazgo* de Jeffrey Schwartz y Sharon Begley

3. La Inteligencia Emocional de Daniel Goleman

4. La Ciencia del Éxito de David McRaney

5. *Liderazgo Neurocognitivo* de José Luis López Vázquez

6. *El Líder Resonante Crea Más* de Richard Boyatzis y Annie McKee

7. Neurociencia para el Éxito de John K. Coyle

8. El Poder de la Mente Subconsciente de Joseph Murphy

9. *La Mente Organizada* de Daniel J. Levitin

10. El Efecto de la Innovación de Ed Catmull

ACERCA DEL AUTOR

James Lass – Coach de NeuroLiderazgo, Desarrollo Organizacional, Coach Ejecutivo y de Negocios

James comenzó su carrera en el ámbito corporativo, donde rápidamente se dio cuenta de la importancia del liderazgo efectivo y la inteligencia emocional en el éxito organizacional. Después de varios años de experiencia en gestión de equipos y proyectos, decidió redirigir su carrera hacia el coaching, motivado por su pasión por ayudar a otros a desarrollar sus habilidades y alcanzar sus metas.

Desde entonces, ha trabajado con una amplia variedad de clientes, que van desde startups innovadoras hasta grandes corporaciones establecidas. Su enfoque está centrado en el cliente, adaptando sus métodos y estrategias a las necesidades específicas de cada individuo o equipo con el que trabaja. Su habilidad para identificar y superar creencias limitantes ha sido fundamental en su éxito como coach, ayudando a sus clientes a superar los obstáculos que les impiden alcanzar su máximo potencial.

James Lass es una de nuestras coaches más

experimentadas en el campo del liderazgo y el desarrollo organizacional, Ejecutivo y de Negocios. Con más de 30 años de experiencia en grandes corporaciones y organizaciones, James ha trabajado con líderes en todos los niveles, ayudándolos a desarrollar sus habilidades de gestión y a implementar estrategias efectivas para el cambio organizacional.

Formación y Certificaciones:
James es Licenciado en Informático, informático empresarial como analista especializado por la Universidad TU Dortmund de Dortmund y cuenta con varios certificaciones en Liderazgo de Harvard Business School online (EdX). Además, está certificada como Coach Profesional por la World Coaching Corp., International Association of Coaching (IAC) y la Confederacion Interamericana de Coaching, también es Docente Universitario y Instructor Externo de la Secretaria del trabajo y Prevision Social, lo que respalda su compromiso con la excelencia y la ética en su práctica profesional.

Enfoque de Coaching:
La filosofía de trabajo de James se basa en la creencia de que el liderazgo no se trata solo de dirigir a otros, sino de guiarse a uno mismo con autenticidad y propósito. Según él, un líder efectivo es aquel que puede inspirar a su equipo no solo a través de sus habilidades técnicas, sino a través de su carácter, integridad y visión. Para James, el desarrollo de la inteligencia emocional es clave en este proceso, ya que permite a los líderes conectarse con su equipo de una manera más profunda y significativa. James utiliza un enfoque integrador que combina técnicas de coaching tradicionales con herramientas modernas de desarrollo personal, como la Programación

Neurolingüística (PNL) y la meditación consciente. Esta combinación de enfoques le permite abordar tanto los desafíos técnicos como los adaptativos que enfrentan sus clientes, brindándoles una hoja de ruta clara para el éxito.

Logros Destacados:
James ha sido fundamental en el desarrollo de programas de liderazgo en varias empresas del Fortune 1000, y sus clientes incluyen líderes empresariales de renombre mundial. Es conocida por su capacidad para identificar el potencial oculto en sus clientes y guiarlos hacia un liderazgo efectivo y auténtico. A lo largo de su carrera, James ha ayudado a transformar la vida de cientos de líderes y ejecutivos, guiándolos en su camino hacia el éxito. Sus logros incluyen la creación de programas de liderazgo altamente efectivos que han sido implementados en múltiples organizaciones de renombre, así como la publicación de artículos en revistas especializadas sobre temas de liderazgo, inteligencia emocional y desarrollo personal. Además de su labor como coach, James es un orador frecuente en conferencias y seminarios, donde comparte su experiencia y conocimientos con una audiencia más amplia. Su capacidad para conectar con las personas y transmitir sus ideas es de manera clara y convincente.

Impacto y Reconocimiento:
El impacto de James en el mundo del coaching y el liderazgo es innegable. Sus clientes a menudo destacan su habilidad para generar cambios duraderos en sus vidas, tanto a nivel personal como profesional. Su enfoque empático y su compromiso con el éxito de sus clientes le han valido el reconocimiento como uno de los principales coaches de liderazgo en la industria. En resumen, James Lass es más que un coach; es un

catalizador de cambio y un guía confiable para aquellos que buscan llevar su liderazgo al siguiente nivel. Su dedicación a la excelencia y su pasión por el desarrollo personal continúan inspirando a líderes de todo el mundo a alcanzar nuevas alturas en sus carreras y vidas personales.

Mi carrera, conocimientos y Titulos:
- Soy Coach de Vida y Transformacional a Nivel Nacional e Internacional, avalada por la Word Coaching Corp., la International Association of Coaching, Confederación Interamericana de Coaching, Secretaria de Trabajo y Prevision Social y Harvard Business School Online
- Coach de Negocios, Ejecutivos, Laborales, Teambuilding, Comunicación y de Ventas.
- Estoy dando Talleres de "Neuroventas", "Descubre tu propósito y pasión" y "Estilos de Liderazgo" en forma presencial y en linea.
- Resuelve las problas de: Falta de confianza, Conflictos internos, Falta de compromiso, Evasión de responsabilidades, Falta de enfoque en resultados, Problemas de comunicación, Escaso aprendizaje. Usa la mejor metodologia aprobada para Negocios y mejoras en todos los sentidos. Es un acompañamiento con resultados medibles y sustentables, que si al final vale la inversion!
- He trabajado para Diferentes Universidades y Escuelas tambien en Colegios como Docente.
- Con más de 30 años de Experiencia en Emprender Negocios, Organizacion Corporativa, Recursos Humanos, Finanzas, Produccion, Contabilidad, Logistica, Almacenes, Compras y ventas, Desarrollo, Reclutamiento y más.

- Socio y Co-Fundador de Vive Hoy Life Coaching, Empresa dedicada a la Transformación de Vida.
- Con amplia experiencia en una variedad de áreas, desde coaching de negocios y vida hasta talleres de neuroventas y liderazgo, ofrezco soluciones a problemas comunes como la falta de confianza, conflictos internos y falta de enfoque en resultados. Mis programas y acompañamiento están diseñados para generar resultados medibles y sustentables, brindándote las herramientas necesarias para alcanzar tus metas y superar cualquier obstáculo en el camino.

Junto con mi mi bella esposa y el equipo en Vive Hoy Life Coaching, estamos comprometidos con tu transformación integral. ¡Es hora de dar el primer paso hacia una vida y un negocio más exitosos y gratificantes!

Pagina 258

James Lass

www.ingramcontent.com/pod-product-compliance
Lightning Source LLC
Chambersburg PA
CBHW071652240526
45469CB00021B/1995